诚信体系：
防控社会医疗保险道德风险的理性选择

王璐航 著

吉林大学出版社
·长春·

图书在版编目（CIP）数据

诚信体系：防控社会医疗保险道德风险的理性选择 / 王璐航著.—长春：吉林大学出版社, 2019.10
ISBN 978-7-5692-5831-8

Ⅰ.①诚… Ⅱ.①王… Ⅲ.①医疗保险－保险制度－研究－中国 Ⅳ.①F842.613

中国版本图书馆CIP数据核字(2019)第248244号

书　　名：	诚信体系：防控社会医疗保险道德风险的理性选择
	CHENGXIN TIXI: FANGKONG SHEHUI YILIAO BAOXIAN DAODE FENGXIAN DE LIXING XUANZE
作　　者：	王璐航　著
策划编辑：	黄国彬
责任编辑：	马宁徽
责任校对：	刘　丹
装帧设计：	刘　丹
出版发行：	吉林大学出版社
社　　址：	长春市人民大街4059号
邮政编码：	130021
发行电话：	0431-89580028/29/21
网　　址：	http://www.jlup.com.cn
电子邮箱：	jdcbs@jlu.edu.cn
印　　刷：	北京光之彩印刷有限公司
开　　本：	787mm×1092mm　　1/16
印　　张：	10.75
字　　数：	165千字
版　　次：	2020年1月　第1版
印　　次：	2020年1月　第1次
书　　号：	ISBN 978-7-5692-5831-8
定　　价：	52.00元

版权所有　翻印必究

目　录

第1章　绪论 ··· 1
1.1　研究背景 ··· 1
1.2　研究意义 ··· 9
　　1.2.1　理论意义 ··· 9
　　1.2.2　现实意义 ··· 10
1.3　研究目标、思路及方法 ·· 11
　　1.3.1　研究目标 ··· 11
　　1.3.2　研究思路 ··· 11
　　1.3.3　研究方法 ··· 12
1.4　研究框架及基本内容 ··· 12
　　1.4.1　研究框架 ··· 13
　　1.4.2　基本内容 ··· 14
1.5　相关概念界定 ·· 14
　　1.5.1　社会医疗保险道德风险 ······································ 14
　　1.5.2　诚信、信任、信用 ··· 17
　　1.5.3　社会医疗保险诚信体系 ······································ 18

第2章　文献综述 ··· 19
2.1　道德风险相关研究 ·· 19
　　2.1.1　国外道德风险相关研究 ······································ 19
　　2.1.2　国内道德风险相关研究 ······································ 32

1

2.2 诚信相关研究 ······ 36
2.2.1 国外诚信相关研究 ······ 36
2.2.2 国内诚信相关研究 ······ 41
2.3 总结与思考 ······ 47

第3章 我国社会医疗保险失信现象的实然现状 ······ 49
3.1 社会医疗保险制度层面因素导致社会信任缺失 ······ 50
3.1.1 社会医疗保险制度的历史演变对社会信任影响颇深 ··· 51
3.1.2 医保经办机构的单位性质问题 ······ 54
3.1.3 公立医院财政政策与看病难、看病贵、以药养医 ······ 56
3.1.4 医保药品目录问题 ······ 57
3.2 我国医疗服务市场中的失信行为表现 ······ 58
3.2.1 医疗服务需求方失信行为表现 ······ 59
3.2.2 医院、药店等医疗服务供给机构的失信行为 ······ 63
3.2.3 医疗服务供需多方合谋失信行为表现 ······ 64
3.3 社会医疗保险管理机构失信表现 ······ 64
3.3.1 不当使用、挪用医保基金 ······ 65
3.3.2 不当转嫁医保负担，违背医保基金运营基本原则 ······ 65
3.3.3 对医疗服务供需双方违规使用医疗资源监管失位 ······ 66
3.3.4 管理制度漏洞亟待填补 ······ 66
3.3.5 执法严格程度有待加强 ······ 67

第4章 道德风险：导致医保失信乱象频发的根本原因 ······ 69
4.1 医保失信乱象实为各类因素引发道德风险的具体表现 ······ 69
4.1.1 医保制度层面存在缺陷与漏洞，加剧道德风险威胁 ··· 69
4.1.2 医保运行层面欠缺激励与约束，匮乏道德风险防控机制 77
4.1.3 传统文化因素产生负面影响，为道德风险发生营造思想温床 ······ 81
4.1.4 医疗药品行业具有特殊性，为道德风险发生提供便利条件 ······ 82

4.2 有效防控道德风险对治理医保失信乱象的重要意义 ………… 84
　　4.2.1 保护医保制度的安全 ……………………………………… 84
　　4.2.2 维护医疗服务市场秩序 …………………………………… 85
　　4.2.3 促进民众健康权益得以保障 ……………………………… 86
　　4.2.4 促进社会诚信水平稳步提升 ……………………………… 86

第5章　诚信体系：医保道德风险防控的必由之路 …………… 87
5.1 社会医疗保险道德风险防控路径探析 …………………………… 87
　　5.1.1 非对称信息现象恒常存在的本质及意义 ………………… 88
　　5.1.2 社会化视角下的道德风险问题 …………………………… 91
　　5.1.3 社会医疗保险道德风险防控路径选择 …………………… 93
　　5.1.4 我国社会诚信建设与医保道德风险防控 ………………… 97
5.2 构建社会医疗保险诚信体系的重要性 …………………………… 99
　　5.2.1 加强医保诚信理论研究的重要性 ………………………… 100
　　5.2.2 构建医保供给方诚信体系的重要性 ……………………… 100
　　5.2.3 构建医保需求方诚信体系的重要性 ……………………… 104
　　5.2.4 构建医保管办部门诚信体系的重要性 …………………… 106
5.3 社会医疗保险诚信体系建设相关经验借鉴 ……………………… 107
　　5.3.1 社会医疗保险诚信体系建设的国内经验 ………………… 107
　　5.3.2 社会医疗保险诚信体系建设的国际经验 ………………… 111

第6章　诚信体系：医保道德风险防控的实践需求 …………… 115
6.1 医保诚信体系有助于满足医保运行一线的实践需求 …………… 115
　　6.1.1 医保管办机构的实践需求 ………………………………… 116
　　6.1.2 医保相关部门的实践需求 ………………………………… 117
　　6.1.3 医院的实践需求 …………………………………………… 118
　　6.1.4 药店的实践需求 …………………………………………… 119
6.2 医保诚信体系有助于广泛开展医疗领域诚信监督 ……………… 119
6.3 医保诚信体系有助于夯实医保诚信的思想文化基础 …………… 121
6.4 医保诚信体系有助于提高医保管理的科学性 …………………… 122

第7章 社会医疗保险诚信体系框架结构研究 …… 127
7.1 一般诚信体系结构设计的相关研究基础 …… 128
7.2 社会医疗保险诚信体系框架结构设想 …… 130
7.2.1 理论基础 …… 131
7.2.2 预防及宣传机制 …… 132
7.2.3 监管对象 …… 133
7.2.4 诚信等级评估指标体系 …… 133
7.2.5 激励机制和惩罚机制 …… 133
7.2.6 征信信息系统和多部门联动机制 …… 134
7.2.7 申诉机制与问责机制 …… 134
7.2.8 社会监督机制 …… 135
7.2.9 退出机制 …… 135
7.3 社会医疗保险诚信体系结构的有效性分析 …… 136
7.3.1 符合多角度、多层次设计需求 …… 137
7.3.2 满足道德风险防控的实践需求 …… 138

结　论 …… 141

参考文献 …… 146

第1章 绪论

1.1 研究背景

社会保障学是一门新兴的交叉学科,"是在经济学、政治学等多学科的基础上发展起来的一门独立的、交叉的、处于应用层次的社会学科"[1],因此社会保障研究工作不仅应当着眼于理论层面的突破,更应使研究成果能够应用于解决社会保障建设领域所面临的种种问题。当下,在我国医疗服务市场中广泛存在过度医疗、医保套现等失信现象,社会医疗保险的制度安全受到严重威胁。这些失信现象的发生具有普遍性和多样性,其背后的影响因素极为复杂。对效用的过度追求是人们失信的根本动机,失信乱象实为各类因素引发医保领域中道德风险的具体表现。笔者认为,面对由道德风险引发失信乱象所致的医保领域诚信缺失现状,在顶层设计中不断完善和优化制度的基础上,运用诚信社会资本构建社会医疗保险道德风险长效防控机制,是治理医保领域失信乱象频发、提高医疗服务市场诚信水平、维护医疗服务市场运营秩序、保护社会医疗保险制度安全运行的理性选择。

党的十八大报告明确指出当前我国社会存在道德失范和诚信缺失现象,并对诚信建设提出了具体要求,应"深入开展道德领域突出问题专项教育和治理,加强政务诚信、商务诚信、社会诚信和司法公信建设"[2]。国家主席习近平在主持深改组第二十五次会议时指出:"加快推进对失信被执行人信用监督、警示和惩戒建设,有利于促使被执行人自觉履行生效法律文书决定的义务,提升司法公信力,推进社会诚信体系建设。要建立健全跨部门协同监管和联合惩戒机制,明确限制项目内容,加强信息公开与共享,提高执行

---

[1] 郑功成. 论社会保障领域的理论建设[J]. 中国社会保障, 1995(07).
[2] 胡锦涛. 坚定不移沿着中国特色社会主义道路前进 为全面建成小康社会而奋斗——在中国共产党第十八次全国代表大会上的报告[R]. 北京:中国共产党第十八次全国代表大会, 2012.

查控能力建设，完善失信被执行人名单制度，完善党政机关支持人民法院执行工作制度，构建'一处失信、处处受限'的信用惩戒大格局，让失信者寸步难行。"[1]

　　社会保障制度的设计与运行涉及行政司法、商务运作、社会实践等诸多方面，是我国开展新时期国家诚信建设、解决道德失范与诚信缺失问题的重要领域。当前我国社会保障制度体系的各个组成部分均面临不同程度的诚信缺失问题，存在程度不一的失信现象，而其中又以制度结构最为复杂的社会医疗保险制度体系为最。社会医疗保险领域存在诸如过度医疗、过度检查、医保套现等大量失信行为，这些现象的背后，是行为主体为追求自身利益最大化所致。这些在制度和法律方面难以界定和管控的失信行为，其背后的关键原因实际上是在各类因素的作用下，使社会医疗保险道德风险从潜在风险隐患变为失信行为事实，最终对医疗服务市场造成极大危害。如何建立健全社会医疗保险道德风险问题防控机制，是治理医疗服务市场失信乱象、提高医保领域诚信水平的关键。

　　社会医疗保险是我国社会保障制度体系中最为复杂的组成部分，由于社会医疗保险需要参与到医疗服务市场的实际运行之中，因而其所面临的道德风险问题最为突出。美国著名经济学家肯尼斯·阿罗（Kenneth J. Arrow）于20世纪60年代首次提出道德风险这一微观经济学经典概念，此后经诸多学者对其不断进行深入研究，得出结论，认为道德风险是因信息不对称（亦称为非对称信息）而产生的系统性风险，属于一种不可保风险，且具有不可消除性。作为一种与道德有一定关系的风险，道德风险并不等同于道德败坏。从风险发展变化的过程看，道德风险的产生和存在与人们的伦理道德无关，道德风险的发生则在一定程度上受到道德的影响。道德风险与逆向选择被认为是由于经济市场交易活动中存在的非对称信息现象导致的，其对交易合同契约造成的负面影响一般因失信行为种类繁多而程度不一，但道德风险与逆向选择对保险行业——尤其是前者对于社会保险制度体系的安全运行造成很大威胁。当前在社会医疗保险领域中存在的大量失信现象，实际上是各类相关因素诱发道德风险而产生的。因此，医保领域中的失信现象是医保道德风险

---

[1] 习近平：聚集改革资源激发创新活力 更加富有成效抓好改革工作[EB/OL]. http://news.xinhuanet.com/politics/2016-06/27/c_1119121969.htm.

发生的具体表现。非对称信息是道德风险产生的根源，对医保道德风险的研究则应当从非对称信息入手。通过理论分析，本书认为，非对称信息恒常存在于人类生活几乎所有领域之中，其对所在领域产生的影响应从积极和消极两个方面理解。在经济领域中，非对称信息会因市场环境的优劣而产生不同的影响：在有序竞争环境中，道德风险发生的概率被有效抑制，非对称信息能够形成正和博弈、促进有效竞争，产生积极影响；在无序竞争环境中，非对称信息所引起的逆向选择、道德风险等问题将造成实质性危害，使契约中的一方或多方的正当收益蒙受不合理的损失，产生消极影响。对非对称信息的片面理解将导致人们为消除道德风险而过度追求最优制度设计，反而容易忽视构建道德风险防控机制的必要性。正确理解和认识非对称信息与道德风险，是医保道德风险防控机制研究工作的重要基础。道德风险隐患的存在时刻威胁着社会医疗保险制度安全，更威胁着医疗服务市场的正常运营秩序。受利益驱动因素的影响，社会医疗保险道德风险将从一种无形的威胁转化为多种失信行为、违规行为甚至违法行为，从而对医保制度和医疗市场带来实质性的危害，道德风险防控机制的缺失与不足将使得失信乱象愈演愈烈，从而对社会诚信水平产生极大影响。诚信是人类社会中实现合作的基础，是现代人类制度文明的基石，是信任得以实现的前提，缺失诚信支撑的制度难以获得持久的生命力，建立健全社会医疗保险道德风险防控的长效机制刻不容缓。

  在现行社保制度中，社会医疗保险领域存在的道德风险隐患及由此引发的失信乱象相对较为突出，具有一定的代表性。从制度设计方面看，社会医疗保险与其他社会保障制度项目相比具有多主体的显著特点，参与主体众多的制度设计而致使其制度运行具有极高的复杂性，政府、司法、医院、药厂、药店、患者等多个主体在信息不对称的情况下往往存在许多不受控制的复杂行为，这种复杂的多主体关系为社会医疗保险道德风险的发生提供了机会。从保险种类方面看，社会医疗保险更加贴近百姓的生活，尽管养老、生育等社会保险同样具备非常高的重要性，但医疗需求往往贯穿公民从年轻到年老的整个生命过程，民众对医疗资源分配的需求程度因其年龄、所处地域等诸多因素而各不相同，管理难度远超其他险种，对道德风险的防控也更为困难。从保险性质方面看，尽管社会医疗保险有别于商业医疗保险，但由于信息不对称的恒常存在使得两者均面临非对称信息现象所带来的逆向选择与道德风险问题，不过由于社会医疗保险属于国家强制执行的社会保险险种，其在实际运行过程中主要面临的是道德风险问题的挑战。与其他社会保险险种相比，社会医疗保险道德风险问题无疑具有很强的代表性。社会医疗保险在其运行过程中涉及行政、司法、社会、商务等诸多方面，对社会医疗保险道德风险问题的研究成果不仅可以为解决其他社会保障项目诚信问题提供直接帮助，更可以为我国建设社会信用体系提供支持。

社会医疗保险道德风险问题的研究，既具有现实意义，又具有理论研究价值，与十八大报告所提出的执政理念与方针政策相契合，因而具有很高的研究价值。但需要注意的是，我国社会医疗保险道德风险问题的研究必然具有其特殊性。从制度差异角度看，现代社会保障制度起源于西方资本主义社会，我国在社会制度等多个方面与西方国家存在程度不一的差别，而我国社会保障制度的制度设计因国情需要而具有自身特点，且我国社会保障制度的体系化建设仍处于不断摸索和改革之中，因而对我国社会医疗保险道德风险问题的研究和解决既要汲取西方相应领域的先进理念与经验，又要兼顾我国现实国情与制度体系特点。从文化差异角度看，西方有着历史悠久的宗教文化，在此基础上形成的契约思想是西方社会发展的基石，其理念深深植根于西方社会的方方面面，讲求在契约限定的范围内诚实守信的进行各项社会活动，在实际的社会治理过程中包括美国在内的许多西方国家运用信任这一社会资本构建社会信任体系，并藉此与法律制度相互配合形成较为全面的他律体系进行道德风险防控；我国现代社会存在信任缺失的问题，且在传承数千年儒家文化的影响下，形成了讲求忠君奉祖、强调行事应善于变通、追求聪明等特点，在应对道德风险问题的威胁中常常仅能依赖个体自律，缺乏有效的道德风险防控机制。从法制角度看，我国法律法规的健全程度与西方相比仍存在不小的差距，尽管近年来我国立法速度加快，不断加强法制建设，但在司法解释、实施等方面仍然存在较多问题，在社会医疗保险乃至社会保障制度中缺乏有针对性的法律法规和管控制度，这不仅导致难以对道德风险所引起的失信问题进行及时有效的处理，更因缺乏妥当惩戒措施、失信成本过低等因素导致失信行为泛滥而逐渐形成难以治理的普遍性问题，使道德风险的威胁加剧。

社会医疗保险道德风险防控是一个极其复杂的问题。一方面，社会医疗保险参与主体较多的制度特性，大大增加了社会医疗保险道德风险问题的复杂程度；另一方面，社会医疗保险是社会保障制度的重要组成部分，而其中存在的引发道德风险问题的成因较为复杂，风险行为表现呈多样性特征，并且因受我国国情与文化的影响而与西方发达国家有所不同，由此要求我们在研究社会医疗保险道德风险防控路径的过程中，必须综合考虑医疗保险道德风险防控机制所处社会整体环境、管控的现实需求、文化契合等诸多方面，而这无疑加大了问题的复杂程度。

  面对复杂的社会医疗保险道德风险问题，正确决择解决问题的路径，具有重大战略意义。在理论研究方面，笔者通过查阅相关文献，发现在社会医疗保险道德风险问题的研究中，现有文献多以医保诈骗、医患关系、医疗卫生服务等相关医疗道德风险问题为基础，提出加强政府监督、医院管理等建议，且来自政府、学界、医院等社会各界研究人员均指出诚信缺失是我国医疗卫生领域发展和建设过程中面临的核心问题之一，但仅仅依赖个体自觉践行诚信是无法确保有效防控道德风险问题的。而在防控社会医疗保险道德风险的应对策略方面，尽管现有研究也提出了一些建议，但是大多缺乏系统性和科学性，更缺乏有效的理论研究支撑，仅能暂时用于应对眼前的、比较棘手的现实问题，难以形成体系化、长期化的有效监管，其管控制度的设计往往偏重地域性实际需求，不便于在全国范围内进行推广和建设。从社会医疗保险制度运行的实践层面看，笔者通过参加吉林省社会保障诚信体系建设研究调研了解到，当前在医疗卫生服务市场中存在着大量的失信行为，这些失信行为通常是在多种不同因素的影响下诱发体系内存在的道德风险问题而产生，由于许多情况难以适用于现有法律法规且缺乏相应的管控机制，使得医保领域失信乱象频发，医疗服务市场诚信水平亟待提高，而解决这些难题的关键即在于抓住其要害，即如何有效防控社会医疗保险道德风险从风险隐患转化为实际的失信行为。

  始于20世纪70年代的社会资本理论研究指出，诚信不仅是一种内生的道德理念，更是一种可以外化的社会资本。综合现有理论研究和社会医疗保险制度运行的实际需求来看，构建社会医疗保险诚信体系是应对当前社会医疗保险领域道德风险问题的有效解决路径，医保诚信体系的建立能够在现行制度不断完善、法制建设不断加强的基础上，通过体系化的管控机制对医保道德风险问题予以防控，并强化医疗服务市场参与主体主动规避道德风险的意识，补足对制度和法律无法涉及的灰色地带地监管，并在解决社会医疗保道德风险问题的同时为我国国家信用体系建设提供有力支持。

面对难以有效抑制的社会医疗保险道德风险问题，许多学者均在研究中表达了建立诚信监督系统的殷切盼望。龚昉（2009）通过研究上海市定点医疗机构医保违规现状，结合医保政策监管的难点问题，探讨了定点医疗机构的不诚信行为造成医疗费用上涨的原因，为解决医疗保险基金收支不平衡问题，从博弈论的角度提出了解决医保诚信问题的方法，即对定点医疗机构的诚信进行科学的评价。龚昉通过建立定点医疗机构诚信的评价指标体系和模糊评价模型，得到诚信评价的结果，并按诚信等级进行分级管理，形成较为有效的定点医疗机构诚信监管与失信惩戒机制，引导医疗资源合理分配，促进医保改革在和谐的诚信环境中可持续发展。龚昉指出，如果没有足够强大的道德监督机制，没有足够强大的价格监督机制，没有足够强大的专业监督机制，简而言之，没有足够强大的保障公平的机制，单是推进医院的市场化改革，医院的效率是可以提高，但广大患者及其家属的知情权无法保证，医患间的诚信发展无法保证。构建医保诚信体系成为确保我国基本医疗保险制度可持续发展的重要任务[1]。曾红颖（2015）认为，医疗卫生是社会信用体系建设的重要领域。在医疗健康服务领域出现了医患对立和冲突，表现为服务价格冲突等，而实际是由于双方目标差异造成的。当前，我们的政策更多的是针对具体问题的操作层面，但更重要的是，我们需要找到的不仅是问题的应对答案，而是遇到问题可以自主应对的价值准则。医者仁心是人类文明的基本传承，如果医生出现普遍失信现象，我们要拷问的就不仅是医生，首先是医疗卫生服务体系基本的价值认同，是价值共同体，还是利益共同体？其次是运行的体制和制度是否合理、有效？最后是执行中的规则和信用及惩戒机制。只有超越问题本身，才能找到解决问题的关键。医疗卫生诚信建设应寻找多元目标的结合点[2]。武建康等（2013）认为，在我国，医保欺诈的违规行为是威胁医保基金的首要问题。因此，医保诚信建设显得尤为重要。诚信建设可以有效地促进医保基金合理使用，防止"骗保"行为发生，有利于控制医疗卫生费用的不合理增长。医保诚信是一种道德规范，它以医保三方互信为基础，其主要内容包括：①医疗机构能够为参保人提供合理必需的

---

[1] 龚昉. 上海市医保定点医疗机构诚信制度研究[D]. 上海交通大学, 2009.
[2] 曾红颖. 医疗诚信：剑指价值观建设[N]. 中国经济导报, 2015-02-07(B01).

医疗卫生服务，同时不以任何理由损害医保基金安全；②参保人根据病情求医、医疗费用实报实销，不以任何方式骗取医保基金；③医保经办机构依据医保政策为参保人提供基金统筹支付，并对定点医疗机构及参保人进行统一管理。倡导医保诚信建设，使医保基金合理用于所需就医人群，其意义重大[1]。可见，加强诚信建设是许多学者对医保诚信问题的共识，而通过构建社会医疗保险诚信体系来治理医保领域失信乱象、防控医保道德风险的理念与构思则广泛存在于现有研究之中。建构医保诚信体系是维护社会医疗保险制度安全运行的重要保障，对社会医疗保险诚信体系建设的研究无疑具有很强的理论意义和实践价值。

尽管理论研究中对建立社会医疗保险诚信体系的呼声较高，且一些研究中对社会医疗保险道德风险亦进行了一定程度的理论和实证研究，但依然欠缺许多关键性的研究环节。例如社会医疗保险道德风险的存在基础是什么？其诱发因素有哪些？其发生路径可能受哪些机制的制约？这些制约机制应如何构建方能确保其科学性、有效性、可推广性？诚信作为一种传统意义上的道德概念，其与西方已经工具化的信任有何种程度的关联？是否同样能够作为社会资本并用于防控社会医疗保险道德风险？上述诸多疑问中，有些在前期研究中已经有所涉猎，有些仍待研究和分析，总的来看仍有进一步深入研究的必要：如一些研究中尽管提出了许多防控医保道德风险的措施，但缺乏对医保道德风险发生机理的分析，使其对策缺乏足够的理论分析基础；又如一些研究中所提出的医保诚信制度结构设计仍然是仅基于实际需求，缺乏对体系化制度建设理论的借鉴与思考，使得这些防控机制的设计缺乏系统性与科学性，令这些机制在防控道德风险、治理失信乱象的过程中只能见招拆招、疲于应对、浮于表面，其制度效果堪忧。游小留（2007）认为，中国诚信伦理重内省自律，西方诚信伦理重制度他律，两者各有优劣。在我国和谐社会的医疗诚信建设过程中，应将中西方的诚信结合起来，取长补短，才能构建符合我国国情的医疗诚信体系[2]。

在医保领域失信乱象频发的背景下，探讨如何将诚信社会资本运用于建设医保道德风险长效防控机制，具有特别现实的积极意义。在理论研究方

---

[1] 武建康等.医疗保险诚信的构建策略[J].中国社会医学杂志, 2013(01).

[2] 游小留.中西诚信伦理差异与和谐社会的医疗诚信建设[J].福建医科大学学报(社会科学版), 2007(03).

面，当前我国社会医疗保险道德风险防控机制研究仍然存在进一步深入的可能性和必要性。本书研究将重点围绕以下几个方面展开：第一，社会医疗保险领域存在失信乱象的基本成因。医保失信问题频发的危害极大，通过梳理失信表现，分析其成因是从根本上探寻解决问题路径的基础。第二，医保道德风险产生和发展过程的影响因素。道德风险属于风险的一种，风险存在与风险发生是截然不同的风险状态，其实际影响有着天壤之别，明晰道德风险发生过程的内在机理，对道德风险防控研究意义重大。第三，非对称信息现象恒常存在的本质及其现实意义。对道德风险问题追根溯源是摸清问题本质的需要，对非对称信息、道德风险等概念的正确理解是寻找医保道德风险防控路径的根本出发点。第四，诚信作为一种传统意义上的道德概念，能否外化为社会资本并用于社会问题治理。诚信是中华传统文化的瑰宝，是信任实现的基础。运用诚信社会资本构建医保道德风险防控机制，在理论层面、实践层面是否具有科学性和有效性，值得深入研究。第五，构建社会医疗保险诚信体系对于防控医保道德风险的必要性。不断完善和优化现有制度是规避道德风险的重要手段，但仅仅依赖制度层面的努力是远远不够的，实践层面道德风险防控机制的缺失是不争的事实。第六，医保诚信体系的框架结构和内容。经验证明，任何一项制度体系的建构，都是在特定理论的指导下展开的，其结构和内容应具有系统性、科学性。第七，社会医疗保险诚信体系防控医保道德风险的有效性问题。医保诚信体系的结构设计应当做到既符合理论研究要求，又能够满足实践工作的需要。

　　社会保障作为一门综合性应用学科，其研究工作不仅应在理论层面有所突破，更要求研究成果能够对社会保障制度实践提供帮助。本书以中外非对称信息、道德风险、诚信等理论研究为基础，结合医保诚信缺失等实然现状，对医保道德风险问题进行了深入的理论研究，通过分析信息不对称、人的社会化、道德风险之间的作用机理，指出了在医保道德风险治理中引入诚信社会资本进行防控机制建设的必要性，最后对社会医疗保险诚信体系的框架结构进行了科学构想，并分析了其满足理论设计要求和实践工作需要的有效性。

1.2 研究意义

由于信息不对称现象的广泛存在，包括社会医疗保险制度在内的我国社会保障制度体系的发展与建设始终面临着道德风险问题的挑战。建立健全道德风险防控长效机制是我国社会医疗保险制度在发展与建设过程中所需解决的重要问题。

1.2.1 理论意义

通过对社会医疗保险道德风险问题的研究，能够进一步加深对社会医疗保险道德风险问题的理论认知，弥补当前社会医疗保险道德风险规避机制研究中存在缺憾和不足。现有关于社会医疗保险道德风险防控机制研究的研究成果较为丰硕，但依然存在进一步深入研究的需要。在社会医疗保险道德风险成因分析方面，多数研究默认其源于非对称信息，但往往忽略了对医保道德风险与不同相关影响因素之间关系、非对称信息现象存在的本质和意义、医保道德风险发生路径等方面的研究。在社会医疗保险道德风险防控机制研究方面，现有研究的视野往往局限于医疗服务市场的现实需求，力图针对医疗服务市场中的失信乱象进行医保道德风险防控机制设计，而这样的研究尽管能够在一定程度上规避医保领域中的道德风险，但其设计未能建立在体系建设理论研究的基础之上，使得现有研究的对策建议具有局限性，难以有效推广，且其科学性与有效性同样因缺乏理论支撑而难以保证，或无法有效应对医保领域道德风险问题的发展和变化。

可见，对我国社会医疗保险道德风险问题及其防控机制建设问题的研究仍有待加强。本书研究将在前人的基础上对社会医疗保险领域中存在的道德风险问题进行更加深入的探析，藉此构建全面有效的医保道德风险防控机制，并充分结合诚信体系建设理论和医保实践层面的需求，设计社会医疗保险诚信体系，使之具有全面性、系统性、科学性，切实保证其防控医保道德风险的有效性。除此之外，本书研究成果可为进一步深入研究覆盖社会保障制度体系的道德风险防控机制，提高社会保障领域诚信水平提供理论支撑。

1.2.2 现实意义

社会医疗保险中的道德风险隐患严重威胁着医保制度的安全，以及医疗卫生服务市场的正常运营秩序，医保道德风险有效防控机制的缺失导致医保领域失信乱象频发，对社会诚信水平造成极大影响，进而对政府公信力、社会信任等方面均造成不同程度的负面影响，而这些无疑会进一步加剧道德风险问题，形成恶性循环。可见，深入分析社会医疗保险道德风险问题，建立健全社会医疗保险长效防控机制，在完善和保护社会医疗保险制度、维护稳定的正常市场秩序、促进社会诚信水平、加强社会信任建设、加强政府公信力等诸多方面均具有重大的现实意义。

从社会保障制度建设角度看，诚信缺失威胁着社会保障制度的生命力，不容忽视。社会医疗保险是社会保险制度体系的重要组成部分之一，其重要性在某种程度上要高于其他的社会保险制度项目。例如从民众需求方面看，社会养老保险仅在参保人退休后，方能享受相关待遇；生育保险相关待遇仅限参保人在育龄人口生命周期内享受，且享受的时间和次数相对有限；工伤保险待遇的享受人数相对较少且多为一次性补偿；享受失业保险待遇的人数亦相对较少。可见，与其他社会保险制度项目不同，社会医疗保险服务几乎贯穿于民众的整个生命周期，与大众的日常生活息息相关，是与百姓生活最为密切的社会保险险种。与此同时，过度医疗、过度检查、医保套现等失信行为的普遍存在，严重影响着社会医疗保险制度的良性运行，是制度的建设与发展的隐患，威胁着广大人民群众依法享受医疗保险待遇的合法权益，威胁着社会医疗保险基金安全。建立健全医保道德风险长效防控机制刻不容缓，但是无论是学界，还是政府，对如何建立和完善医疗保险道德风险防控机制、切实保证医保基金安全等问题的研究还很不到位。开展社会医疗保险道德风险问题的研究，为医保制度改革实践提供理论指导，既是必要的，也是紧迫的。

基于系统研究基础上而建立的社会医疗保险道德风险防控机制——社会医疗保险诚信体系，将在实践层面弥补制度与法律难以涉及的灰色地带，对道德风险进行有效管控，从而最大程度地抑制失信行为的发生，促进医保领域诚信水平提升，维护医疗服务市场秩序。此外，从长远看，此项研究成果既可以直接用于解决医保道德风险问题，还可以为建立覆盖全国的社会医疗保险信用体系、提高社会治理水平等提供科学依据。

1.3 研究目标、思路及方法

1.3.1 研究目标

本书研究的核心问题是使用诚信社会资本构建社会医疗保险道德风险长效防控机制的可能性。围绕这一核心问题，存在一系列与之紧密关联的疑问。本书需要通过详尽的研究与论证来解决这些相关疑问，并以此为基础解决本书研究的核心问题。这些与核心问题紧密相关的疑问包括以下内容：第一，社会医疗保险领域存在失信乱象的成因是什么？第二，道德风险产生和发生过程受到哪些因素的影响？第三，非对称信息现象恒常存在的本质和意义是什么？第四，诚信作为一种传统意义上的道德概念能否外化为社会资本并用于社会治理？第五，构建社会医疗保险诚信体系以防控医保道德风险是否具有必要性？第六，社会医疗保险诚信体系应当具有怎样的框架结构和内容？第七，社会医疗保险诚信体系防控医保道德风险的有效性如何？本书将对上述由核心问题展开而来的一系列疑问进行详尽分析，并以此为基础来解决核心问题，使本书的研究目标得以达成。

1.3.2 研究思路

社会医疗保险制度的运行需要诚信的、秩序井然的市场环境，失信行为对医保良性运行的影响不容忽视。然而在道德风险的影响下，我国医疗服务市场的现状是其中长期存在种类繁多、数量庞大、严重程度不一的医保失信乱象，长此以往医保制度的根基将受到蚕食，医保道德风险问题亟待解决。社会医疗保险道德风险问题的研究不仅需要理论推演，同时需要结合对现状的思考。在研究过程中，应首先通过文献考察来学习前人对道德风险、信息不对称、诚信等概念的深入研究，为深入分析社会医疗保险道德风险问题成因及防控路径选择建立理论基础，指出构建社会医疗保险诚信体系是理论分析层面防控道德风险的必然选择。此外，还应通过对实证资料的梳理来分析当前我国社会医疗保险领域失信现状，深入发掘道德风险发生的理论机理，从而探究问题的根源并寻找应对策略，并在此基础上对运用诚信社会资本防控医保道德风险问题的必要性进行深入探讨，指出构建社会医疗保险诚信体系是实践层面防控道德风险的迫切需求。最后应在结合理论研判与实践需求的基础上，对社会医疗保险诚信体系的框架结构进行科学设计，并验证其满足理论要求与实际需要的有效性。

1.3.3 研究方法

社会医疗保险制度与民众生活之间关系极为紧密，其所处医疗服务市场参与主体众多，制度结构纷繁复杂，这使得对社会医疗保险道德风险问题的分析以及对道德风险防控机制的研究必然涉及法制建设、制度构建、中西文化、历史发展等诸多方面。在医保道德风险问题研究中，应借鉴社会保障学、经济学、哲学、社会学、心理学、政治学等多学科研究成果，还应对医保失信现状进行实地调研，更要汲取中西方规避道德风险实践经验的精华，需要在结合我国传统文化、体制变迁、历史演变及现实状况的基础上思考如何系统性的构建社会医疗保险诚信体系以求有效防控医保道德风险，由此从根本上对医疗服务市场失信乱象进行有效治理。可见，本书研究仅仅依靠单一的研究方法是无法完成的。

鉴于体系构建研究的复杂性，本书拟采用文献考察、实证研究、理论分析、案例分析等多种研究方法相结合的方式，以国内外非对称信息研究、道德风险研究以及诚信理论研究成果为基础，以社会医疗保险道德风险问题为主要研究对象，以吉林省人力资源与社会保障厅重点项目"社会保障诚信体系建设研究"调研所获资料及数据为现实依据，对我国社会医疗保险道德风险问题进行综合性的深入研究，并在此基础上寻找适于我国文化与国情的医保道德风险防控路径，从而在深入分析和研判的基础上对社会医疗保险诚信体系的框架结构进行科学设计。

1.4 研究框架及基本内容

本书着眼于社会医疗保险道德风险问题，即在道德风险隐患影响下社会医疗保险领域中存在医保套现、刷医保卡购买非医用品等失信行为频发的诚信缺失实然状况，与医保制度应运行于诚信、和谐的运营环境这一应然状况之间存在着显著差距。社会医疗保险道德风险问题极为复杂，文化、制度、经济等多个方面的影响因素均可能引发道德风险使其从风险隐患变为失信事实。当前我国医疗服务市场失信乱象表现形式复杂多样，涉及政府、医保相关管理机构、医保经办单位、医院、药店、参保人、参保单位等多个主体的行为与利益，在如此纷繁复杂的情况下，对社会医疗保险道德风险问题的成因进行简单的判定是不科学的。本书拟在前人研究的基础上，将社会医疗保险道德风险问题及其防控机制建设研究置于信息不对称、道德风险、诚信及信任等相关理论视野内进行详尽分析；结合对中西文化传承差异、社会形态演变历史等宏观背景的充分考量，辅以调研数据、座谈、访谈等实证资料，对社会医疗保险道德风险防控问题进行系统、深入的分析；寻找抑制道德风险隐患水平、治理失信行为频现难题的决定性因素，指出社会医疗保险道德风险防控的路径选择应在不断完善制度的基础上通过构建社会医疗保险诚信体系来切实强化医保道德风险防控，加强医保诚信建设并藉此提高医疗领域诚信水平；在最后对医保诚信体系框架结构进行科学设计，为我国社会保障诚信体系建设实践提供科学的理论研究基础。

1.4.1 研究框架

在上述研究思路的基础上，本书的研究框架及基本内容拟作如下安排，如图1.1所示。

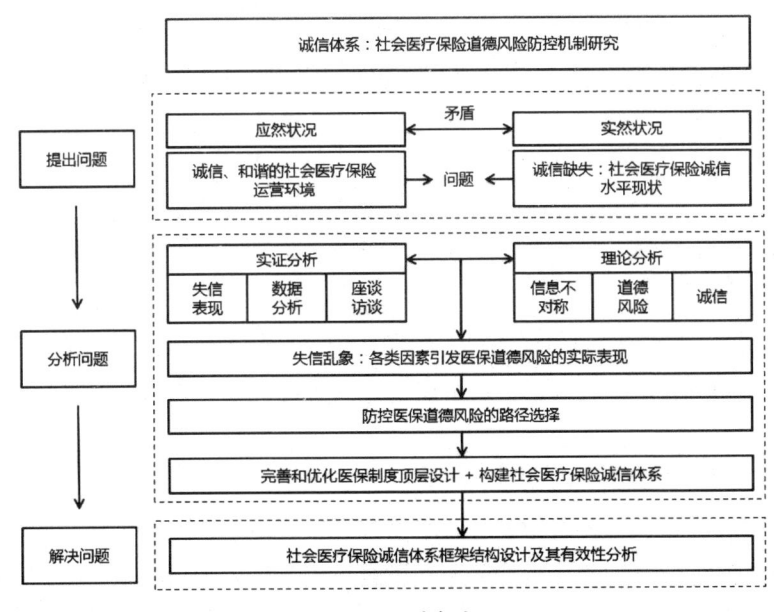

图1.1 研究框架

1.4.2 基本内容

以研究框架为基础，本书共分为五个部分，其具体内容安排如下：

第一部分为第1章，由当前医保道德风险研究不足、医保领域失信乱象频发等背景为引，提出社会医疗保险道德风险防控问题，并指出此项研究的理论与现实意义，对本书的研究目的、研究方法、研究框架及研究内容进行阐述，明确研究思路。

第二部分为第2章，通过文献考察梳理国内外关于社会医疗保险道德风险问题的相关理论研究，将非对称信息、道德风险、诚信等理论研究的成果作为本书研究的理论基础。

第三部分包括第3章、第4章、第5章、第6章，通过理论分析结合实证分析的研究方法，对医保道德风险所引发失信现状进行归纳总结，对医保道德风险问题进行理论分析，从而找出解决问题的关键因素，并指出医保道德风险规避路径的必然选择是在不断完善制度建设的基础上通过构建医保诚信体系来有效防控医保道德风险，从理论需求与实践需要两个方面阐明构建医保诚信体系的重要性。

第四部分为第7章，以前文得出的研究结果为基础，结合国内外社会医疗保险道德风险防控的先进经验以及构建诚信体系的相关理论研究等为基础，对社会医疗保险诚信体系框架，结构进行分析与设计，使之具有科学性、系统性、有效性。

第五部分为结论，总结本书研究所得出的相关结论。

1.5　相关概念界定

为便于研究工作的顺利展开，现对文中涉及的相关概念进行界定，并对容易产生混淆、误解，或仍存在争议的方面进行明确，以防误解。

1.5.1　社会医疗保险道德风险

本书旨在研究如何有效防控社会医疗保险领域中存在的道德风险问题，通过分析道德风险隐患在医疗服务领域的成因、诱发因素、发生机理，以及以失信行为为主要代表的道德风险发生具体表现，提出应在不断完善制度的基础上构建社会医疗保险诚信体系，以加强在制度与法律鞭长莫及的灰色地带对社会医疗保险道德风险的有效防控。

在社会医疗保险制度概念方面，郑功成认为，医疗保险制度是指对法定范围内的劳动者在患病或非因工伤伤害时提供保障的社会保险项目。它既包括医疗费用的给付，也包括各种医疗服务[1]。李珍认为，社会医疗保险是政府强制征收医疗保险费用形成医疗保险基金，当被保人相关保险标的发生保险事故并引起经济损失时用以补偿的风险分散机制，它是社会保险制度的重要组成部分，也是制度设计最复杂和成本控制最困难的制度[2]。如无特殊说明，本书中所使用的"医保"一词一般均指"社会医疗保险"。

道德风险(Moral Hazard)，亦称为道德危机，这一概念最早由肯尼斯·阿罗（Kenneth J. Arrow）在其1963年的经典论文《不确定性和医疗保健的福利经济学》提出，但并未给出明确的定义。阿罗在描述道德风险对医疗保险市场的影响时以火灾风险为例来类比道德风险所引入的隐患，"某人的房子或者商场是否发生火灾在很大程度上可能不是当事人所能控制的，但是，火灾出现的可能性多少却与当事人是否小心在意有关，而且在极端的情况下，也存在故意纵火的可能"[3]。阿罗认为，如要杜绝道德风险，需要使保险所需承保的意外事件完全脱离投保人的控制，而这在现实生活中几乎是不可能的。目前对道德风险这一微观经济学经典概念的定义并不统一，王建（2006）即总结了多达7种的分别从经济学、伦理学、哲学等多个角度所给出的道德风险概念定义。

综合前人研究，本书对道德风险做如下定义：道德风险是指由于信息不对称的存在，参与合同的一方所面临的对方可能改变行为而损害到本方利益的风险[4]。道德风险的发生常具体表现为"从事经济活动的主体在最大限度增进自身效用的同时做出不利于他人的行动（约翰·伊特维尔等，1996）"[5]。根据研究的需要，这里有必要进一步明确道德风险概念的内涵和外延。

---

[1] 郑功成. 社会保障学[M]. 北京：中国劳动社会保障出版社, 2005:162.
[2] 李珍. 社会保障理论[M]. 北京：中国劳动社会保障出版社, 2007:179.
[3] 肯尼斯·阿罗. 不确定性和医疗保健的福利经济学[J]. 余江，译. 比较, 2006(24).
[4] 杨宁. 浅谈人寿保险中道德风险成因与控制[J]. 时代金融, 2014(21).
[5] 车亮亮. 从道德风险看后危机时代的国际金融法创新[J]. 现代经济探讨, 2012(02).

第一，道德风险是一种与道德有一定关系的风险，但绝不可将其等同于"道德败坏"。道德风险属于风险的一种，而风险的存在与发生属于截然不同的两种状态，其所造成的实际影响亦有着天壤之别，因此对道德风险这一概念的理解应当考察其变化的全过程：产生、存在、发生。道德风险产生的根源在于人类经济活动中的信息不对称现象，因信息不对称的恒常存在，道德风险的产生及其存在与人类个体的道德水平高低毫无关系，但完善和优化制度设计、提高参与者的诚信水平能够降低道德风险发生的概率。"作为一种市场失灵的形式，……道德风险最初来源于保险业，现已成为正统经济学的重要分析工具，实际上与道德本身没有多大关系。"[1]最初发现道德风险时研究人员认为该风险的发生与人们的道德水平有一定关系，因而将这一风险冠以"道德"之名。但后续的大量研究已经证明，道德风险因非对称信息的恒常存在而广泛地存在于人类经济活动领域之中。卢现祥（1996）通过分析诺思关于人类交换形式的研究，指出"'道德风险'是市场经济中的一种必然现象……不是一个人是性本善还是性本恶的问题，而是根源于市场经济与经济人本身"[2]，可见，道德风险的产生和存在与人类个体的道德品质是无关的。道德风险发生的核心关键在于制度缺陷或体系漏洞，其虽与人类个体的道德水平有一定关系，但即便是品德十分高尚的人同样会因追求自身健康等正当目的而采取引发道德风险的决策，因而道德风险的存在实际上与"道德"无关，人们道德水平的高低只能影响道德风险发生的概率。防控道德风险的关键仍在于对现有制度的完善以及防控机制的供给。

第二，道德风险是一种无法被彻底消除、彻底规避的系统性风险。现有研究已经证实，由于非对称信息的存在，道德风险属于不可能被彻底消除的系统性风险，只能通过各种方式来降低其实际发生的概率。道德风险的不可消除性主要表现在两个方面：一是道德风险的恒常存在，即不论采取何种防控机制，道德风险永远存在，防控机制只能降低风险发生概率，而不可能使风险本身消失，风险的产生与防控机制无关；二是道德风险的发生概率恒大于零，即不论采取多么完善的机制以及多么强有力的防控措施，均无法使道德风险发生的可能性为零。许多在机制和措施控制范围之外的不可控因素的

---

[1] 王锦锦,李珍.论社会医疗保险中的道德风险及其制度消解[J].学习与实践,2006(12).

[2] 卢现祥.外国"道德风险"理论[J].经济学动态,1996(08).

介入使得环境始终处于动态变化之中，令道德风险发生的概率恒大于零。

1.5.2 诚信、信任、信用

对诚信、信任、信用的理解与界定应分为两个方面：一是在概念上对这些含义相近或有关联的词汇给予界定；二是指出理论研究方面对三者的认识以避免误解。

在词汇含义方面，诚信、信任、信用等汉语词汇的含义既有区别，亦有相通之处。从汉字含义方面看，"诚"在《词源》中解释为"真诚，诚实"，"信"在《新华字典》中解释为"诚实，不欺骗；信任，不怀疑，认为可靠"。从词汇含义方面看，《现代汉语词典》中对"诚信"的解释为"诚实，守信用"，对"信任"的解释为"相信而敢于托付"，对"信用"的解释为"能够履行跟人约定的事情而取得的信任"。根据字词含义，本书认为"诚信"强调了人的内在品德，"信任"描述了人际关系的可靠性，而"信用"则是用于描述这种可靠性的程度。因而，"诚信"是"信任"产生的前提，不诚信的人无法获得他人的信任即无法建立信任关系，诚信的人能够在社会活动中通过与他人互动获得信任，能够长久维持高诚信水平的人能够获得更多的信任，从而使他人对其的信任程度加深，其"信用"在这一过程中即得到不断积累。

从理论研究方面看，由于中西方文化的巨大差异，西方契约社会中更加重视对信任的研究，而中华文化不仅强调人与人之间的互信，还使用"诚信"这一概念强调通过提高内生道德水平来加强这种互信，相关的诚信理论研究中亦指出英语等语言中并没有与汉语"诚信"一词完全对应的单词。目前对中西方诚信与信任的研究仍在不断深入中，两者之间的差异和联系并未得到严格的定论，本书在梳理相关研究理论时将同时考察西方信任理论研究与我国诚信、信任理论研究。

需要指出的是，社会资本理论研究已经证明：信任作为社会资本的一种形式可被用于社会治理。而从中华文化的角度看，信任的产生与存在离不开诚信，通过测量目标的信用水平，能够在一定程度上反映出其诚信水平，因而可以通过这样的方式使诚信从一种内生的道德概念，外化为一种社会资本用于社会治理。中国人民大学教授葛晨虹认为，诚信是一种极为宝贵的社会资源，其资源价值亟待开发[1]。诚信是数千年中华传统文化积淀产生的瑰宝，诚信社会资本的运用不仅能够如西方一样推动社会信任的建设，更能够同时推动社会成员个体的内生道德水平，是较信任更为宝贵的社会资本。这种在原始概念之外对诚信的更加深入的理解，使得通过构建诚信体系防控医保道德风险成为可能。

1.5.3 社会医疗保险诚信体系

本书所指的社会医疗保险诚信体系，简称为医保诚信体系，是在充分考察社会文化、制度、经济水平等背景因素的基础上，运用诚信社会资本作为社会治理基本工具，通过有机地整合宣传、激励、惩罚、征信、申诉等多种相关机制，建构用于防控社会医疗保险道德风险问题、促进提高医疗卫生服务市场诚信水平的系统性制度体系。社会医疗保险诚信体系结构的设计应具有科学性、系统性，不仅要符合相关的理论研究要求，还应满足防控医保道德风险的实际需求。

---

[1] 葛晨虹. 诚信是一种社会资源[J]. 江海学刊, 2003(03).

第2章 文献综述

2.1 道德风险相关研究

道德风险是20世纪60年代由美国经济学家肯尼斯·阿罗在研究医疗保险过程中首次提出的经济学概念。此后，对道德风险的研究主要集中于经济学领域，并由此开辟了经济学领域的一个研究分支——卫生经济学，肯尼斯·阿罗的论文《不确定性和医疗保健的福利经济学》亦被视为是卫生经济学的开山之作。由于涉及道德，除经济学外，哲学、伦理学等其他学科对道德风险亦略有研究，但一方面经济学以外的领域的道德风险研究数量极少，其成果参考价值有限，另一方面随着研究的深入，人们逐渐认识到，道德风险作为一种系统性风险，这种风险的产生源于无处不在的信息不对称现象，与人们的道德水平无关，人们的道德品质的好坏只能影响道德风险实际发生的概率，而不论人们的道德品质提高到何种地步均不可能使道德风险彻底消失。基于学界对道德风险研究的总体情况并结合本书研究的研究目标，本节对道德风险前期研究工作的梳理将以经济学领域的研究成果为主。

2.1.1 国外道德风险相关研究

信息不对称（亦称为非对称信息）以及由此引发的逆向选择与道德风险问题最初均在经济学领域中首先提出。因此在对道德风险的研究中，经济学方面的研究成果是最为丰富的，其在近半个多世纪的研究中不断加深了人们对非对称信息、逆向选择、道德风险的认识。

社会医疗保险一般属于国家强制险种，其所面临的主要问题在于保险关系缔结后所面临的风险，属于事后风险，即道德风险。目前人们普遍认为，道德风险这一理念的雏形早在18世纪就已经出现于亚当·斯密（Adam Smith）所著的《国民财富的性质和原因的研究》一书中，即著名的《国富论》。尽管斯密在书中并未以"道德风险"这一词汇来对此类型的问题进行归纳性描述，但在分析信贷借款、经济管理等问题时，斯密的论述过程中明显体现出他已经意识到参与经济活动的人们往往会想尽办法让自己从中获取更多利益，而不会以别人的利益为出发点来做出其行为的决策："在钱财的处理上，股份公司的董事为他人尽力，而私人合伙公司的伙员，则纯是为自己打算。所以，要想股份公司董事们监视钱财用途，像私人合伙公司伙员那样用意周到，那是很难做到的。有如富家管事一样，他们往往设想，着意小节，殊非主人的光荣，一切小的计算，因此就抛置不顾了。这样，疏忽和浪费，常为股份公司业务经营上多少难免的弊窦"[1]。可见，斯密在论述中已经表达出了对于人们参与经济活动中的主观决策的考量与担忧，《国富论》也就此拉开了西方对于道德风险问题研究的帷幕。

20世纪60至80年代是道德风险研究的黄金时期。在《国富论》之后，经过长达两个世纪的积淀，许多重要理论和经典概念在这几十年间被相继提出。

1963年，美国数理经济学家、斯坦福大学经济学教授肯尼斯·阿罗（Kenneth J. Arrow）发表论文《不确定性和医疗保健的福利经济学》，该篇文章首次对医疗保险领域的道德风险问题进行了详尽分析，而信息不对称、道德风险等经典概念亦是由阿罗在该篇论文中首次提出，是以经济学视角分析医疗保健领域的经典文献。阿罗认为，由于医疗保健领域所具有的特性普遍具有非确定性的特征，如人们对于医疗服务的需求与其对衣食住行等稳定需求不同，是"不规则、不可预测的"，而医疗机构提供的医疗服务供给无法像普通的市场商品一样标准化并且难以准确判断其最终的效果，如果在医疗市场行为中将医疗服务供给视为一种商品，那么"产品质量的不确定性可能比其他任何重要商品都要严重"。通过比较医疗保健市场与完全竞争市场，作者认为"风险承担的不可销售性和信息的无法完全市场化导致了对最优状态的偏离……医疗保健市场特殊的结构特征很大程度上是为了克服这种偏离"[2]。与此同时，阿罗还指出医疗保健领域中由于医学专业知识壁垒所

---

[1] 亚当·斯密. 国民财富的性质和原因的研究(下卷)[M]. 郭大力, 王亚南, 译. 北京: 商务印书馆, 1983: 303.

[2] Kenneth J. Arrow. Uncertainty and the welfare economics of medical care[J]. The American Economic Review, 1963, 53(5):941-973.

造成的信息不对称使得医患双方的不确定性存在很大差异,这为医患矛盾的产生提供了温床,并且信息不对称使得医疗服务市场无法像典型的完全竞争市场那样通过市场行为达到帕累托最优,因而对于医疗保健领域来说,通过政府介入等非市场手段来解决医疗市场的市场失灵并追求最优化似乎是不可避免的。

阿罗的论文《不确定性和医疗保健的福利经济学》引起了学术界对于信息不对称,以及由信息不对称所引发的逆向选择与道德风险问题的深入研究。

1970年,美国经济学家乔治·阿克尔洛夫(George A. Akerlof)发表论文《次品市场：质量、不确定性和市场机制》,文中关注了商品市场中的非对称信息现象：由于买卖双方对商品信息的掌握程度存在明显差异,对于商品的质量,卖方所掌握的信息通常多于买方,从而通过信息优势获得定价、销售等方面的主动权,并藉此追求更多的利益。在美国俚语中,"柠檬市场"的意思实际上是指"次品市场",阿克洛夫在分析信息不对称现象对于市场的影响时提到了柠檬市场效应,他认为在二手车市场中,由于卖方占据着商品质量信息的绝对优势,因而买方在无法衡量商品品质的情况下只能通过平均价格来做出消费决策,而另一方面,人们往往期望用更少的代价去换取自己所需的商品,因而那些低价出售的"柠檬车"往往更受欢迎,使得品质相对更好但价格更高的二手车反而因无人青睐而被挤出二手市场,这一劣品驱逐良品的现象被阿克洛夫形象地称为"逆向选择",这是逆向选择概念首次被提出,而阿克尔洛夫的这篇论文也被公认为现代信息经济学的开山之作[1]。目前普遍认为,信息不对称是导致逆向选择与道德风险问题出现的根源。由于通常情况下社会医疗保险属于强制性险种,因而道德风险给社会医疗保险体系带来的隐患和问题要远远比逆向选择更为严重。

美国经济学家迈克尔·斯宾塞(Andrew Michael Spence)与理查德·泽克豪泽(Richard Jay Zeckhauser)在1971年发表论文《保险,信息与个人的行动》,文中使用函数工具对复杂的债券市场的实际运行进行了研究,试图在追逐利益的保险公司与被保险人之间寻找更为均衡的保险体系架构。研究

---

[1] George A. Akerlof. The Market for "Lemons": Quality Uncertainty and the Market Mechanism[J]. Quarterly Journal of Economics, 1970, 84(3):488-500.

结果表明，在非对称信息环境中，由于保险公司只具有"有限的信息监测能力"，保险契约各方的利益常常因个体决策行动的差异而出现变化，如何使保险公司与保险人"这一对互相竞争的主体在实际当中达到共赢是一个十分困难的问题"[1]。斯宾塞与泽克豪泽在研究中发现，承保人/保险公司常常难以准确获知投保人的真实状况。在分析个人行动差异与承保人/保险公司对真实状况的掌握程度之间的相关性时，作者创造性地以保险契约的缔结为分界线，将个人隐匿信息行为所导致的非对称信息状态分为事前与事后，在这种情况下，由信息不对称带来的契约风险问题也因此而分为事前风险与事后风险，即如今人们所熟知的逆向选择与道德风险。

逆向选择与道德风险给保险行业带来的负面效应是显而易见的。在保险市场中，只有当保险事件不受个人行为影响时，保险市场才能通过竞争形成最优配置，而实际情况是行为主体在"经济人"假设下的决策选择及其自然状况常常使得市场效率受到影响，"即使所有的人都是风险厌恶者，某些无法确定（是否正当）的医疗费用也不应甚至不该得到理想情况下的保险"（Mark Pauly,1968）[2]。面对信息不对称与道德风险会在实际状况中可能导致市场失灵，保利认为从一个研究者的角度看，这不应被视为一种"不道德的背信弃义"，而是一种"经济人"的"理性的经济行为"。尽管某些个人对医疗保险资源的过度使用的成本会均摊到参与保险的所有人身上，但造成这一症结的关键是不仅没有一个合理的机制去进行限制，同时还缺乏"促进个体自觉限制自身行为"的相应机制。考虑到道德风险对保险市场的影响程度常常因个体风险的不同而存在差异，保利在《社区评级的福利经济学》（1970）一文中考察了社区评级与道德风险之间的关系。保利认为，对风险级别不同的人群使用同样的保险费率是低效率的，这种情况下低风险人群通常只购买少量保险而高风险人群则会选择购买更多的保险，因而应通过"评级"来区分不同人群的保险费率，从而提高效率。[3]

---

[1] Michael Spence, Richard J. Zeckhauser. Insurance, Information, and Individual Action[J]. The American Economic Review, 1971, 61(2):380-387.

[2] Mark Pauly. The Economics of Moral Hazard: Comment[J]. American Economic Review, 1968, 58(3):531-537.

[3] Mark Pauly. The Welfare Economics of Community Rating[J]. Journal of Risk and Insurance, 1970, 37(3):407-418.

在逆向选择与道德风险所引发的研究热潮中,并非所有人都认可道德风险出现的必然性。艾萨克·埃利希(Isaac Ehrlich)与其导师加里·贝克尔(Garys Becker)在1972年发表论文《市场保险,自我保险和自我保护》,对保险市场中"自我保险"与"自我保护"等变量之间的相互影响进行分析。作者在文中将期望效用带来的影响与无差异曲线分析方法结合使用,对保险市场中存在的状态偏好现象所导致的不确定行为进行了分析,并藉此提出一种保险需求理论,挑战了"道德风险是市场保险的必然结果"这一结论,同时指出市场保险与自我保护是互补的,并在一定条件下能够降低风险事件发生的概率。[1]埃利希与贝克尔的研究在当时的学界引起了广泛关注,促进了道德风险问题的研究成果的多样性。

米尔顿·哈里斯(Milton Harris)和阿托尔·瑞福(Artur Raviv)研究了在教育、就业、医疗保险和执法等领域应用激励性质契约的可行性(1978)。哈里斯和瑞福认为在委托代理关系中不仅存在着道德风险问题,容易在研究中为人所忽视的代理关系中的激励问题同样值得关注,不论是代理人的某些消极行为,还是委托人隐匿决策、状态,都会导致合同关系无法达到帕累托最优,代理人在保险关系中的决策和行为与委托人一样可能存在道德风险,分散风险和激励之间的权衡是十分重要的,而最优的激励契约往往取决于观测水平。[2]

芬兰经济学家本特·霍姆斯特罗姆(Bengt Holmstrom)在其《道德风险和可观测性》(1979)一文中于考察委托人—代理人关系时,突破了对非对称信息环境中契约状况的传统观测模型,他在关于契约状态分布函数中引入了一个额外的变量从而构成了新的函数模型,该变量的存在允许代理人先通过观察来获得与契约相关的各类信息,然后再做出决策行动。通过计算新变量对契约的状况的影响,霍姆斯特罗姆主张在系统中存在信息不对称时,应"通过创建额外的信息系统"或"使用其他可用的信息"来改善和优化契约。霍姆斯特罗姆的研究有效的证明了那些看似与合同无直接关联的额外信

---

[1] Isaac Ehrlich, Garys Becker. Market Insurance, Self-Insurance, and Self-Protection[J]. Journal of Political Economy, 1972, 80(4):623-648.

[2] Milton Harris, Artur Raviv. Some Results on Incentive Contracts with Applications to Education and Employment, Health Insurance, and Law Enforcement[J]. American Economic Review, 1978, 68(1):20-30.

息实际上极具价值，"通过这些信息可以对代理人执行合同的优劣程度进行更加准确的判断，或者说其能够提供同样的激励效果以减少对风险共担利益造成的损失"[1]，理论分析证明了在面对由信息不对称而导致的道德风险问题时，利用额外信息对契约各方进行监督或制约，是降低系统内生风险、规避道德风险的重要方法和有效手段。霍姆斯特罗姆指出，充分观察委托方或代理方的行动与状态常常是不可能的或者所需付出的代价极其昂贵，所以在实际情况中"完整的监测"是无法达到的。此外，对于建立在长期关系基础之上的合同，不确定性的影响将随着时间的推移逐渐减少，使道德风险问题得到一定程度的缓解。

美国经济学家约瑟夫·斯蒂格利茨（Joseph Eugene Stiglitz）从20世纪80年代起致力于研究信息经济学，并在这一领域做出许多杰出贡献。斯蒂格利茨在其与安德鲁·维斯（Andrew Weiss）合作的经典论文《不完全信息市场中的信贷配给》（1981）中指出，非对称信息所导致的逆向选择与道德风险问题同样影响着银行业的信贷等业务，银行只有在拥有完备信息且无信息成本时才能"准确无误的掌握借款者采取的所有行动（那些可能关系到放宽这报酬的行动）"[2]，显然这是不可能的，因而在面临此类风险时，银行选择单纯的增加利率或增加担保条件是无法充分抵消风险。尽管斯蒂格利茨与维斯是在信贷配给模型中进行分析的，但他们发现文中的模型可以应用于更多的委托代理问题的领域之中，并指出，"在竞争性合同中存在对贷款（资本）的超额需求"[3]。此外，斯蒂格利茨在其另一篇与桑福德·格罗斯曼（Sanford J. Grossman）合作的论文中指出，"市场是永远无法自我充分调整的，价格无法充分反映信息拥有者所显示的信息……拥有信息者在收入上与无信息者（之间）有足够的差异，该差异可以弥补信息拥有者在购买信息时付出的成本"[4]，但因为仅从价格不能判断出所有的可利用信息，因而

---

[1] Bengt Holmstrom. Moral hazard and observability[J]. The Bell Journal of Economics, 1979, 10(1):74-91.

[2] Joseph E. Stiglitz, Andrew Weiss. Credit Rationing in Markets with Imperfect Information[J]. American Economic Review, 1981, 71(3):393-410.

[3] Joseph E. Stiglitz, Andrew Weiss. Credit Rationing in Markets with Imperfect Information[J]. American Economic Review, 1981, 71(3):393-410.

[4] Sanford J. Grossman, Joseph E. Stiglitz. Information and Competitive Price Systems[J]. American Economic Review, 1976, 66(2):246-253.

信息拥有者显然会在市场行为中拥有更大的优势,如果完全依赖市场的调节能力,显然不可能有效地限制信息拥有者利用其信息优势扩大收益。从这个角度来看信息差异的存在会使资本市场存在极大的风险,是市场失灵的重要成因之一。进一步看,即便是少量的不完备信息,也会对竞争性的市场产生重大影响,通过对保险市场进行分析,斯蒂格利茨发现竞争型保险市场的均衡是不存在的,因为"均衡的机构及其存在都依赖于一系列的假设,而这些假设在完备信息条件下是没有意义的……在某些牵强的条件下均衡并不存在"[1]。因此,单单依靠竞争的市场机制是无法形成价格均衡的。

桑福德·格罗斯曼(Sanford J. Grossman)与奥利弗·哈特(Oliver Hart)通过求解凸规划问题来获取最优激励机制的配置方案[2]。而格罗斯曼对非对称信息问题研究领域的最伟大贡献在于与斯蒂格利茨合作论证了有效资本市场假说,通过《信息与竞争性价格体系》(1976)、《论信息有效市场的不可能性》(1980)两篇论文的精彩论述,两位经济学领域的巨匠提出了格罗斯曼-斯蒂格利茨悖论,指出由于信息成本的存在,使得市场效率与竞争均衡之间互不相容,因而均衡价格无法充分反映出所有的有效信息,信息的有效竞争均衡是不存在的。因为如若均衡价格能够充分反映全部的有效信息,那么缺乏信息的市场竞争参与者便可以无须付出成本从而获得与交易相关的直接信息或间接信息,从而使得信息的获取成本为零,这显然是不可能的。"这一悖论有力地反驳了有效市场假说认为个人无法依靠搜集信息而获得超额收益的观点。由于总体而言拥有信息者一定比无信息者做出的选择更好,所以无信息者会选择成为拥有信息者。在此过程中,理性人首先不能获得完备的信息从而做出理性选择,其次要受到信息完备理性人所作选择的影响和自己的信息从无到有对理性选择的影响,最后还要受到自己获取信息所承担的成本对行为选择的影响。"[3]

激励理论的开创者之一,法国经济学家让·雅克·拉丰(Jean-Jacques Laffont)与让·梯若尔(Jean Tirole)在研究非对称信息问题时发现,为了

---

[1] Michael Rothschild, Joseph Stiglitz. Equilibrium in Competitive Insurance Markets: An Essay on the Economics of Imperfect Information[J]. Springer Netherlands, 1976, 90(4):630-49.

[2] Sanford J. Grossman, Oliver D. Hart. An Analysis of the Principal-Agent Problem[J]. Econometrica, 1983, 51(1):7-45.

[3] 贾康,苏京春."理性预期失灵"的发生逻辑及其矫正路径[N]. 上海证券报,2014-04-03(A07).

使掌握信息的市场参与者能够做出正确的决策，缺乏足够信息的参与者往往需要改变正常的资源配置，通过提供更多的资源或利益来促使掌握信息的参与者做出最有利于市场活动的决策，拉丰与梯若尔通过构建数学模型分析了这种由于信息不对称而导致的资源配置扭曲问题，并以此为基础推演出最优或次优的监管机制。拉丰与梯若尔自1986年起到20世纪末接连合作发表多篇论文，其中包括《不确定性和信息经济学》《政府采购与规制中的激励理论》等划时代的经典论文，被视为激励理论和规制经济学的奠基之作，为非对称信息领域的研究做出了卓越贡献，其提出的激励理论和规制理论不仅适用于垄断行业以及企业监管，同时适用于公共政策的规划与制定，因而为近年来世界各国推行公共政策提供了重要的理论基础。

托马斯·F. 海尔曼（Thomas Hellmann）、凯文·G. 默多克（Kevin G. Murdock）与斯蒂格利茨通过研究银行业的道德风险问题，发现尽管调节资本需求可以在一定程度上有效地加强审慎监管，并藉此控制道德风险所带来的损失，但常常这种资本需求调节是帕累托效率低下的。他们在研究中发现，与单独采用资本需求调节的方式相比，存款利率控制可以以更小的成本获得相同的风险管理效果，即使政府承诺不提供任何针对银行存款的保险，道德风险问题依旧存在，因此海尔曼等认为，仅仅依赖资本需求调节工具是无法实现社会的有效分配的，而这种有效分配却可以通过存款利率控制来实现。[1]

罗伯特·珀斯（Robert Puelz）与亚瑟·斯诺（Arthur Snow）研究了事前与事后道德风险的最优激励契约问题（1997），其分析模型突破了以往委托代理理论的传统视角，提出对道德风险事件中的责任方给出恒定惩罚是"最具成本效益的手段"，且可以藉此来"提供激励"并"避免事故"[2]。因为预防道德风险的工作本身同样会为系统引入风险，因此并不可能完全依靠预防工作来彻底规避道德风险，因而对失信行为进行惩罚是控制道德风险水平的必要手段。

---

[1] Thomas F. Hellmann, Kevin C. Murdock, Joseph E. Stiglitz. Liberalization, Moral Hazard in Banking, and Prudential Regulation: Are Capital Requirements Enough?[J]. American Economic Review, 2000, 90(1):147-165.

[2] Robert Puelz, Arthur Snow. Optimal Incentive Contracting with Ex Ante and Ex Post Moral Hazards: Theory and Evidence[J]. Journal of Risk and Uncertainty, 1997, 14(2):169-188.

致力于研究卫生经济学的大卫·卡特勒（David M. Cutler）与理查德·泽克豪泽（Richard J. Zeckhauser）关注了信息不对称、道德风险给社会医疗保险带来的复杂问题（1999）。他们以医疗保险制度的最优设计为出发点，通过计算发现由风险分担所带来的边际收益刚好被减少医疗资源浪费所带来的边际效益所抵消掉了，通常认为道德风险与需求诱导是同等重要的，因而基于支出的风险分担只是一种相当粗略的风险控制机制，并且这种机制还有另一个很明显的缺陷即缺乏对医生的直接激励，而医生的决策往往决定了医疗支出。尽管基于经济学的理论可以在激励、风险传播、信息不对称等多个方面带来许多积极的分析结果，但综合分析的结果基本说明了这些理论无法同时解决医疗保险市场所面临的道德风险问题，因而在医疗保险制度设计中，追求次优的结构优化才是最为明智的选择。卡特勒与泽克豪泽通过分析证明，与其他社会服务相比，医疗保险领域的道德风险和逆向选择会因为医疗过程的独特状况而被放大，因而信息不对称所造成的问题在健康保险领域显得尤为突出。此外，作者指出医疗保险制度的核心目标实际上有且仅有一个，即为了使参与其中的人们获得更好的健康水平，所有的关系价格、激励与成本等方面的经济学分析都只是为追求更高健康收益这一终极目标而服务的，无论如何，健康始终是"优先于其他商品和服务的"。[1]

罗伯特·帕特南（Robert D. Putnam）在其20世纪90年代初的经典著作《让民主运转起来》（1993）通过考察意大利地方分权实验的过程，分析和解释了这一实验所造成的南北地区制度绩效差异的现象，指出"历史上形成的路径依赖性的社会均衡会对正式制度产生深刻的影响"[2]。文中对社会资本在其中所起作用的分析令人耳目一新，使越来越多的学者开始意识到社会资本在经济增长过程中有着不可忽视的重要贡献。这一时期的相关学术研究也引发了道德风险研究领域的一些新思路，许多学者开始注意到诚信等社会资本在处理道德风险问题时所起到的作用。

保罗·扎克（Paul J. Zak）与史蒂芬·纳克（Stephen Knack）尝试构建了一种一般均衡增长模型（2001），在其中代理人可以选择相信那些与他们发生交易的对象，也可以选择将一些资源用于验证交易对象所声明事件的真

---

[1] David M. Cutler, Richard J. Zeckhauser. The Anatomy of Health Insurance[J]. Nber Working Papers, 1999, 1:563-643.

[2] 毛佩瑾，董春晓. 罗伯特·帕特南：《使民主运转起来》[J]. 公共管理评论, 2013(02).

实性，结果显示，在社会环境与制度因素的影响下，信任水平能够对投资率产生成正比的显著影响，这一模型使用了来自多个国家的大量截面数据成功地进行了验证，该论文的研究提供了对经济状况影响因素研究的新视角——信任[1]。保罗·扎克对经济市场道德风险与信任相互影响问题的研究仍在继续，在其新书《道德博弈：爱和繁荣究竟从何而来》（2016）中，扎克巧妙地在亚当·斯密两部著作《国富论》与《道德情操论》之间建立了联系，并藉此分析了信任博弈在经济学领域所起到的影响和作用。神经经济学领域的权威学者扎克在书中试图通过生物学手段寻找"道德分子"并将分析结果应用于博弈实验，他指出道德的影响力是无处不在的，"从个人的行为、家庭的幸福，到市场的繁荣、国家的兴盛和人类社会的可持续发展"[2]，道德在经济学领域的作用值得深入研究。

艾米·芬克斯坦（Amy Finkelstein）与凯瑟琳·麦克加里（Kathleen McGarry）考察了多维度的私人信息对保险市场的影响（2006），她们的分析主要基于长期护理保险市场，发现两种类型的人士倾向于购买长期护理保险：那些在私人信息中包含高风险因素的个人，以及在私人信息中包含高风险偏好的个人，而这些私人信息往往不能为保险公司所悉数获知，事后表明前者的风险要显著高于后者。进一步的分析结果表明，在均衡市场中，并没有证据证明个人保险覆盖面和保险风险发生率呈正相关关系，即单方面地增加个人保险覆盖面无法保证一定会使风险的发生概率降低。[3]

奥乌兹汗·丁瑟（Oguzhan Dincer）和埃里克·尤斯拉纳（Eric Uslaner）在扎克等人的基础上进一步论证了信任机制与经济增长之间存在着积极的内生性强关联（2010），且这种积极的内在影响往往与考察目标地域所采用的经济增长措施关系不大。他们通过分析来自美国各州的数据证明，即便是在高收入国家，信任度高的地区往往能够得到更高的经济增长。[4]

亚当·瓦格斯塔夫（Adam Wagstaff）、马格纳斯·林德罗（Magnus Lindelow）与来自中国卫生部统计信息中心的高军、徐玲、钱军程对中国

---

[1] Paul J. Zak, Stephen Knack. Trust and Growth[J]. The Economic Journal, 2001, 111(470):295-321.

[2] 保罗·扎克.道德博弈：爱和繁荣究竟从何而来? [M].北京：中信出版集团, 2016

[3] Amy Finkelstein, Kathleen McGarry. Multiple Dimensions of Private Information: Evidence from the Long-Term Care Insurance Market [J]. American Economic Review, 2006, 96(4):938-958.

[4] Oguzhan C. Dincer, Eric M. Uslaner. Trust and Growth[J]. Public Choice, 2010, 142(1):59-67.

于2003年在农村地区推行的自愿参加的健康保险计划进行了分析和评估（2009），尽管文中的研究重点在于保险政策与资源的需求和供给等方面，但作者同时指出道德风险问题在中国农村地区的医疗保险、健康保险等领域所引发的风险不容忽视，值得进一步深入研究。[1]

黎兰·爱娜芙（Liran Einav）、艾米·芬克斯坦（Amy Finkelstein）、史蒂芬·莱恩（Stephen Ryan）等人研究了依据个人道德风险的类型来调整其参加的医疗保险合同保障范围的可能性（2011），并指出这种制度设计或许能够有效地帮助规避道德风险带来的风险损失。爱娜芙等人的研究证明，医疗保险领域中所存在的道德风险的影响是异质性的，作者专注于识别和评估道德风险的类型，发现不同"道德风险类型"的个人在合同内的行为选择为系统带来的风险有着明显区别，相较于根据委托人健康风险来设计合同这一传统的选择，通过依据道德风险类型或水平来评估委托人的保险合同风险这一手段同样能够在规避道德风险中起到重要作用，与前者基本是同等重要的。[2]

艾米·芬克斯坦（Amy Finkelstein）多年来持续对医疗保险领域的道德风险问题进行研究，在其《健康保险中的道德风险》（2014）一书中指出长期以来对医疗保险领域中供应方的激励问题并未得到足够的重视，如何合理地构建财务机制以对医务人员给出适当的激励从而规避道德风险值得进一步研究。在书中对医疗保险领域道德风险问题的讨论部分中，信息经济学领域的巨匠肯尼斯·阿罗（Kenneth J. Arrow）、约瑟夫·斯蒂格利茨（Joseph Stiglitz）也参与其中。阿罗指出，医疗保险的巨额支出常常令各国政府感到头痛，但另一方面我们总是希望人们在患病时，能够得到及时有效的救治，即便是某些存在道德风险的个体——甚至是那些并没有参加保险的个体——我们仍希望在医疗保险处于可用状态时能够尽可能地为其保障生命而服务，这种伦理与实际之间的矛盾令人深思；此外，若要克服道德风险并提供"真正的良好的保险服务"则需要更高的医疗成本，而与之相比医疗系统的收入

---

[1] Adam Wagstaff, Magnus Lindelow, Gao Jun, Xu Ling, Qian Juncheng. Extending Health Insurance to the Rural Population:An Impact Evaluation of China's New Cooperative Medical Scheme[J]. Journal of Health Economics, 2009, 28(1):1-39.

[2] Liran Einav, Amy Finkelstein, Stephen Ryan, Paul Schrimpf, Mark Cullen. Selection on Moral Hazard in Health Insurance[J]. American Economic Review, 2013, 103(1):178-219.

诚信体系：防控社会医疗保险道德风险的理性选择

会和这样的成本支出不成正比，从而造成严重的税收负担问题，如何在平衡成本与收入的情况下克服道德风险问题是值得深入研究的难题[1]。斯蒂格利茨指出，尽管学者们认为信誉机制能够在降低道德风险方面起到重要作用，但解决由信誉机制所带来的激励问题才是关键，否则信誉机制所起的作用始终有限；研究显示有的国家在利用信誉机制规避道德风险方面已经取得了成效，其关键在于以道德为出发点，通过提高职业责任感等思路来构建信誉机制[2]。

自20世纪60年代以来，经济学领域对道德风险进行了长达半个世纪的详细研究，人们逐渐认识到道德风险问题难以通过竞争均衡状态下的市场博弈进行自我规避，因而仅仅依赖完善合同规则显然无法解决道德风险问题，而是需要整合多方面的机制进行应对，由此引发学界寻求通过其他的途径或机制来应对医疗领域的道德风险问题。例如哈特（Oliver Hart）与摩尔（John Moore）（1990）在研究公司经营中的代理人问题时提出利用信誉机制来促使代理人规避道德风险[3]。加里·米勒（Gary Miller）（2001）研究了组织内信任的重要性，并指出信任在系统内所形成的激励作用能够促进生产力与合作，是解决道德风险问题的重要组成体系，加里在文中挑战了传统经济学理论中不考虑信任等社会资本因素的理性人利益最大化分析，并质疑传统委托代理理论妄图通过单纯的优化合同机制来消除契约对诚信的需求[4]。

除上述传统经济学领域中对道德风险的相关经典研究外，在经济学的分枝——卫生经济学领域中亦有许多对分析社会医疗保险道德风险问题有帮助的研究成果，值得学习和借鉴。最早对医疗保险领域道德风险进行开创性的研究可追溯至阿罗在1963年发表的《不确定性和医疗保健的福利经济学》，其被认为是卫生经济学的开山之作。此后，西方卫生经济学成为医疗保险非对称信息研究的主要领域，医疗保险行业独特的制度结构和委托代理模式使

---

[1] Amy Finkelstein. Moral Hazard in Health Insurance[M]. New York: Columbia University Press, 2015:77.

[2] Amy Finkelstein. Moral Hazard in Health Insurance[M]. New York: Columbia University Press, 2015:79.

[3] Oliver Hart, John Moore. Property Rights and the Nature of the Firm[J]. Journal of Political Economy, 1990, 98(6):1119-1158.

[4] Gary Miller. Why is trust necessary in organizations? The moral hazard of profit maximization.[J]. Trust in society, 2001, 307-331.

得道德风险研究得出许多有建设性意义的成果。

除前文已经提到的大卫·卡特勒与理查德·泽克豪泽（1999）的经典研究外，维拉德·曼宁（Willard Manning）和苏珊·马奎斯（Susan Marquis）（1989）通过对医疗服务供给对比数据的分析，试图通过预估医疗保险需求和卫生服务需求，来选择最佳的健康保险覆盖范围，由此来最大限度地控制过度使用医疗资源等风险[1]。约翰·沃菲（John Wolfe）与约翰·高迪里斯（John Goddeeris）（1991）通过分析证明了逆向选择对医疗保险效率的影响程度较低，而在分析时考虑逆向选择会使道德风险问题的影响被相对低估[2]。兰道·艾利丝（Randall Ellis）和托马斯·麦克奎尔（Thomas McGuire）（1996）认为医院在补偿激励机制中，会出于其自身经济利益的考虑而改变其常规的医疗供给，如降低医疗服务水平、为患者提供非最佳医疗方案、在医疗市场调整其宏观的市场份额等，这些道德风险所造成的影响引人关注[3]。道格拉斯·伦丁（Douglas Lundin）（2000）研究了医生使用药物过程中的道德风险问题。伦丁通过对医生对处方药的选择进行研究，指出即便不考虑营销方面影响的情况下，医生知晓药物的价格差异信息也不足以让医生在开药方时做出最合适的判断，患者也常常因此而需要付出更多的资金[4]。伊丽莎白·赛维吉（Elizabeth Savage）和唐纳德·怀特（Donald Wright）（2003）分析了澳大利亚独特的医疗服务供给结构，指出由于就医决策往往需要对医疗价格、等待时间、保险费等多项因素进行权衡才能做出选择，这种内生性的保险决策往往导致潜在的逆向选择和道德风险问题，数据分析显示预期住院时间会因此而达到正常水平的三倍之多，导致医疗资源被白白浪费[5]。明尼苏达大学的卫生经济学教授约翰·奈曼（John

---

[1] Willard Manning, M. Susan Marquis. Health insurance: The tradeoff between risk pooling and moral hazard[J]. Journal of Health Economics, 1996, 15(5):609-639.

[2] John R. Wolfe, John H. Goddeeris. Adverse Selection, Moral Hazard, and Wealth Effects in the Medigap Insurance Market[J]. Journal of Health Economics, 1991, 10(4):433-459.

[3] Randall P. Ellis, Thomas G. McGuire. Hospital Response to Prospective Payment: Moral Hazard, Selection, and Practice-Style Effects[J]. Journal of Health Economics, 1996, 15(3):257-277.

[4] Douglas Lundin. Moral Hazard in Physician Prescription Behavior[J]. Journal of Health Economics, 2000, 19(5):639–662.

[5] Elizabeth Savage, Donald J. Wright. Moral hazard and adverse selection in Australian private hospitals: 1989–1990[J]. Journal of Health Economics, 2003, 22(3):331-359.

A. Nyman）（2004）在学界一致将道德风险视为洪水猛兽的环境中提出了相反的结论。约翰通过研究医疗保险需求理论，指出尽管道德风险在经济学视角下造成了对资源与福利的浪费，但是从健康需求的角度来看，如果社会付出一小部分代价能让一些重病患者能够康复，那么从解决健康需求效率的考量出发，可以认为效率得到了提高，即道德风险在一些情况下实际上是有效的[1]。达瓦·戴夫（Dhaval Dave）和罗伯特·凯斯特纳（Robert Kaestner）（2009）通过分析对健康可能造成影响的直接与间接因素，证明了健康保险的高覆盖面会导致主动保健意愿降低、预防活动减少，并由此增加了不健康的人数，另外他们还发现提供优良的医生咨询能够有效地促进民众健康[2]。迈克尔·基恩（Michael Keane）和奥莱娜·丝塔芙诺娃（Olena Stavrunova）将逆向选择与道德风险综合起来考虑并用于分析补充医疗保险（2014），他们发现相对更健康的人群有着更高的对医疗保健需求的价格弹性，并且风险厌恶私人信息的异质性并不能很好地解释有利选择行为，而认知能力则在其中产生了重大影响，例如那些相对健康的并且具有较高认知能力的人群往往更加倾向于购买补充医疗保险[3]。

2.1.2 国内道德风险相关研究

伴随我国市场经济三十多年来的高速发展，社会医疗保险制度也在不断调整，但道德风险问题始终在影响着社会医疗保险制度的健康发展，也引起了国内学界的高度重视。国内学界对医疗保险道德风险问题的研究是在汲取西方经济学领域的研究经验基础上展开的。赵曼、柯国年（1997）在充分汲取前期研究经验的基础上，对医疗保险费用的约束机制问题进行了专门探讨，提出应通过正确界定医疗保险参与各方的利益关系，并在此基础上通过医疗保险覆盖面、建立对医院等主体的监督检查机构、加强引导医院等主体重视自身信誉度等多方面努力相结合，来规避道德风险问题造成的保险经

---

[1] John A. Nyman. Is 'moral hazard' inefficient? The policy implications of a new theory.[J]. Health Affairs, 2004, 23(5):194-199.

[2] Dhaval Dave, Robert Kaestner. Health insurance and ex ante moral hazard: evidence from Medicare[J]. International Journal of Health Care Finance and Economics, 2009, 9(4):367-390.

[3] Michael Keane, Olena Stavrunova. Adverse selection, moral hazard and the demand for Medigap insurance[J]. Journal of Econometrics, 2014, 190(1):62-78.

费损失，并且指出规避社会医疗保险道德风险需要通过诸多"改革措施环环相扣，若不能完全实现，就达不到在医疗保险领域中遏制道德风险的目的"[1]。胡苏云（2000）总结了市场制约道德风险的各种方法，如通过付费制度的独特设计等各种机制进行外部约束，并指出医生与病患之间的信息不对称问题应通过供给方的制约机制设计来解决。郑秉文（2002）认为社会医疗保险的第三方支付制度设计使得道德风险问题难以解决。赵曼（2003）指出医疗卫生领域的信息不对称问题具有不同于其他经济领域的特殊性，规避难度较大，应通过建立约束机制与激励机制予以解决。刘慧侠、赵守国（2004）论证并分析了政府介入医疗保险以解决市场失灵问题的理论依据和政策目标，同时应在医疗保险中引入由第三方负责运作的评价指标体系来加强行业管理，并提升医疗行业从业人员的道德自律。弓宪文等（2004）通过函数分析及博弈模型分析，认为道德风险和逆向选择是由于医患双方信息高度不对称从而产生的问题，缓解医患信息不对称是解决社会医疗保险道德风险与逆向选择问题的关键。郭永松、马伟宁（2004）指出医疗保险道德风险源于人们对利益的追求，这种问题不仅对医疗保险制度造成危害，使医疗资源、资金等遭到浪费，同时还会损害社会诚信从而对社会造成深远影响。史文璧、黄丞（2005）认为信息不对称是道德风险产生的根源，而这一症结与医疗保险市场参与各方所形成的市场结构息息相关，对被保险人过度消费和医疗供给方诱导需求这两种现象进行了经济学分析，并认为对道德风险的控制措施应更多地偏重于医疗机构。林俊荣（2006）认为应通过建立信用评价系统来对医疗供给机构、参保人等医疗保险参与主体进行评估来控制社会医疗保险道德风险。赵曼、吕国营（2007）研究了管办分离在医疗卫生体制改革中的可行性，并提出加强信息化管理和强化医疗供方声誉机制等建议。杨国平（2008）分析了我国农村地区的医疗卫生供给制度，指出提高农村医疗水平、降低农村居民疾病风险、提高农村地区居民健康水平是发展农村经济、解决三农问题的重要环节，道德风险的存在制约了新农合制度的可持续发展，应通过制度创新、加强信息化建设等方式控制道德风险问题，提高农村地区对新农合制度的信任度与参与度。周绿林（2008）指出现阶段我国医疗保险费用难以有效控制的因素包括医疗卫生领域存在的自然垄断、价格刚

---

[1] 赵曼,柯国年.医疗保险费用约束机制与医患双方道德风险规避[J].中南财经大学学报,1997(01).

性，以及由信息不对称所引发的诱导性需求与道德风险，对医疗保险费用的控制要对医保参与各方从宏观、微观进行强化管理。臧文斌等（2012）通过实证检验指出我国城镇基本医疗保险中存在逆向选择问题。黄枫、甘犁（2012）通过分析了需求方费用分担机制改革造成的影响，发现费用分担与医疗支出在总体上呈负相关，指出费用分担在一定程度上遏制了医疗服务需求方的过度消费，使道德风险得到了一定程度的解决。游海霞等（2015）通过对南京市民进行抽样调查，发现医保参保人群和未参保人群在医疗信息认知、医疗费用支出等方面存在显著差异，参保人与医疗服务供给方在现行制度下易合谋谋取不当利益，建议应进一步优化费用分摊设计并建立信用机制对社会医疗保险道德风险进行有效控制。

　　保险体系先天存在的信息不对称是道德风险产生的根源，而市场参与主体在经济活动中对利益的追求则是道德风险从隐患变为产生实质性负面作用的重要诱因。如果无法彻底使得契约各方之间的信息掌握情况做到绝对对称，那么尽可能地降低道德风险形成实际负面作用的概率是规避道德风险最为现实的选择，一些西方经济学界的学者在研究道德风险问题时也指出追求次优的市场配置是更为合理的选择。过去半个世纪人们对道德风险的不懈研究成果揭示了在应对社会医疗保险道德风险问题的过程中不能通过追求最优市场竞争来解决所有问题，社会医疗保险道德风险的规避一方面要从制度体系着手进行改革，对保险制度、运行体系、市场规则等进行不断优化，尽可能消除道德风险隐患的存在基础，另一方面应通过激励和惩戒措施促使市场参与者自觉约束行为、遵守规则，以促进参与医疗市场的各方主体主动规避道德风险的主观意愿，从而在制度层面和实践层面双管齐下，对道德风险所带来的威胁进行遏制。

　　考察近年来的研究成果可以发现，越来越多的学者指出了开发和运用诚信社会资本用于我国社会医疗保险道德风险的防控机制建设。保险市场经济活动的参与者常常以自身利益的最优化为其进行行为决策的出发点，而这样的行为决策有时候是在制度框架内的合理调整，有时候却成为损害保险制度运行的道德风险问题，这两者之间的界限模糊，使得社会医疗保险始终处于道德风险隐患的威胁之下。医疗保险参与主体的行为决策始终是道德风险问题研究的主要对象，从参与者的主观角度进行考察，讲诚信、守信用等中华文化的传统美德是影响人们主观进行情况研判和做出行动决策的重要内在影响因素，诚信在规避医疗保险道德风险的过程中所起到的作用十分重要并引起了医疗卫生领域研究公共作者的关注。肖洁汶（2010）认为，诚信是中华民族传统价值观的重要组成部分，作为一种调节和整合着人们相互之间利益关系的社会道德基础，诚信一直是社会契约精神的行为规范，并指出医疗卫生工作是保障人民生命健康的社会公共事业，医疗诚信是保证卫生事业健康发展的有力保障[1]。王建（2008）基于信任理论对医疗保险进行了分析，提出了基于医疗服务供给方、需求方、医保经办机构等分析的医保道德风险防控制度设计，并介绍了"天津市使用信誉等级"这一制度体系对医疗保险道德风险进行规避的成效[2]。张欢（2008）对我国社会保障制度中存在的挪用社保基金等不法行为以及企业逃缴、欠缴社保相关税费等不诚信行为进行了分析，我国社保基金违规操作的原因在于统筹层次低、监管弱化，养老保险逃缴费用问题主要由于企业自身和制度因素，医疗服务的信息不对称等问题加剧了医疗保险道德风险，并指出应重建我国社会保障制度的诚信体系以改善诚信缺失的现状[3]。崔世华等（2006）分析了医疗诚信缺失的根本原因，并对医疗诚信体系的构建问题进行了探讨，强调了政府主导、建立完整的医疗诚信信用管理制度、完善法律、加大惩罚力度和加强诚信宣传教育等构建理念[4]。戴冰祎、吴永浩（2013）认为，我国社会医疗保险市场存在极为严重的诚信缺失问题，指出应采用建立社会医疗保险诚信监控系统形成医保诚信监管长效机制，并指出建立医保监控系统，加强医保诚信监督，已经是形势对医保管理提出的迫切需求[5]。尽管上述研究中仍存在医保道德风险防控机制设计不完善、对诚信体系理念和作用的理解存在差别等问题，但诚信在应对社会医疗保险领域道德风险问题方面所起的积极作用已经引起了许多研究工作者的广泛重视。诚信是社会医疗保险的生命之所在，解决医保诚信缺失问题、规避医保道德风险刻不容缓。

---

[1] 肖洁汶. 提高医疗诚信关系的探讨[J]. 中国医药指南, 2010(13).
[2] 王建. 社会医疗保险中的道德风险及其规避研究[D]. 天津大学, 2008.
[3] 张欢. 我国社会保障制度的诚信缺失与重建[D]. 河北大学, 2008.
[4] 崔世华, 孙少萍, 刘军. 医疗诚信体系的构建[J]. 中国医药导报, 2006(27).
[5] 戴冰祎, 吴永浩. 建立医保监控系统 加强医保诚信监管[J]. 天津社会保险, 2013(02).

2.2 诚信相关研究

若要将诚信社会资本应用于社会医疗保险道德风险防控机制建设，应首先对诚信理论的研究进行梳理。通过文献考察，笔者发现国内外学界对诚信问题的研究存在明显的文化差异。西方的诚信研究更多是着重于对信任的研究，以及对信任社会资本的研究，这主要是由于西方社会制度的发展时间较长，属于典型的契约型社会，因而在诚信研究中更多地强调契约关系中的信任问题。而国内的诚信研究则与国外诚信研究存在明显差别，受传统中华文化思想的影响，我国诚信理论研究不仅包含了对信任问题的研究，同时对诚信这一中华文化的特有瑰宝亦进行了详尽研究。基于对中西方诚信理论研究中联系与差异的考量，本节将对国内外诚信相关研究进行考察，从而为运用诚信社会资本构建医保道德风险防控机制探寻理论基础。

2.2.1 国外诚信相关研究

在理论研究方面，国外对诚信的理论研究开展较早，在其数百年的研究历史中，包括洛克、霍布斯、齐美尔、韦伯、吉登斯、科尔曼、福山等在内的诸多著名哲学家、社会学家、心理学家均对诚信及信任问题进行了许多开创性的分析和研究，为后人理解诚信、信任对社会及制度的影响提供了强有力的理论基础。由于文化差异的缘故，西方的诚信研究中多集中于对信任的研究，在《圣经》中"信"这一词汇及其相关词汇出现次数超过700次，其中取信任含义的次数较多，但亦有关于诚信的描述，体现了西方对诚信理解的文化基础。西方宗教信仰对其社会诚信建设的影响颇深，如西方一些以基督教为主流信仰的社会中，人们对上帝的充分信任促进形成了人们良好的自省能力，从而对自身行为进行约束，在相当程度上避免了社会失信的发生。鄢雪梅（2006）通过分析西方诚信思想，也指出西方诚信理论研究中始终对信任的研究极为重视，"17世纪著名的思想家洛克、霍布斯等认为，信任是政府与社会秩序的主要原则基础，是民主的前提条件。而19世纪末20世纪初的齐美尔、迪尔凯姆、韦伯等社会学家则认为，信任是社会组织的黏合剂，是一个社会凝聚力的基础。在20世纪末，西方信任的研究一下子成为显学，这就为西方诚信建设提供了重要理论基础"[1]。

德国哲学家、社会学家格奥尔格·齐美尔（Georg Simmel）是西方理论研究领域中最早对信任问题进行系统性研究的学者。齐美尔在其经典著作《社会学：关于社会交往形式的研究》中指出："信赖是在社会之内的最重要的综合力量之一"[2]，在其经典著作《货币哲学》中指出："离开了人们之间的一般性信任，社会自身将变成一盘散沙，因为几乎很少有什么关系能够建立在对他人确定的认知之上"[3]。由此可见，信任在社会治理中扮演着十分关键的纽带联系作用，是人与人之间形成良性互动的黏合剂。此外，尽管齐美尔的研究中并未明确指出，但其中却蕴含着将信任视为一种十分重要的管理工具的思想，这也是首次在研究中体现出信任具有作为社会资本的重要属性。

马克思·韦伯（Max Weber）是德国著名的哲学家、社会学家、政治学家、经济学家，他将人们的信任方式归纳总结为两种类型：一种是普遍信任，指人们的信任可在社会范围内扩展和延伸至其他人；另一种是特殊信任，此类信任所指向的对象往往局限于血缘关系或高度利益相关关系。与西方契约社会中的信任形式不同，在《儒教与道教》一书中，韦伯剖析了中国社会伦理的信任理念，"在中国，任何事务性的共同体，无论是政治的、意识形态的或别的性质的，都没有责任感"，或者说，中华传统文化中的责任感的对象往往具有局限性。牛俊杰（2006）将这种现象描述为"一切社会伦理在这里不过是将与生俱来的孝顺关系引申为可以想象的诸如此类的关系。对君、父、夫、兄(包括师)和友这五种自然的社会关系的义务包括了一切无条件的制约伦理的实质"[4]。我国战国时期的伟大思想家孟子在《孟子·滕文公上》提出的"圣人有忧之，使契为司徒，教以人伦，父子有亲，君臣有义，夫妇有别，长幼有叙，朋友有信"的思想，与韦伯的理论观点基本相符。因而在我国古代社会文化中，信任的存在往往被限制在相对狭小的范围内，如血亲、君臣、夫妻、师生等高度利益相关的关系之中，经过长达数千年的沉淀后，仍然对我国现代社会诚信建设产生不容忽视的影响。

---

[1] 鄢雪梅. 西方诚信思想特征浅析[J]. 重庆职业技术学院学报, 2006(06).
[2] 盖奥尔格·西美尔. 社会学[M]. 林荣远, 译. 北京: 华夏出版社, 2002:251.
[3] 盖奥尔格·西美尔. 货币哲学[M]. 陈戎女等, 译. 北京: 华夏出版社, 2002:111.
[4] 牛俊杰. 论韦伯的中西宗教思想[D]. 湖北大学, 2006.

著名的英国社会学家安东尼·吉登斯（Anthony Giddens）是第三条道路理论基础的奠基人，而他对信任的研究同样十分深入。吉登斯认为，"信任最初源于人类个体的'本体性安全'需求，是对他人或系统之可依赖性所持有的信心，它在新式的社会团结的建立、社会秩序的扩展方面起着本源性、基础性的作用。吉登斯的信任理论为当今西方信任社会理论和信任社会学的研究、建构与发展奠定了坚实的理论与方法论基础，对于我们正确认识西方社会深刻的社会转型、建构当代中国的信任社会理论、信任社会学也具有非常重要的理论与方法论意义"[1]。可见，信任的存在并非无中生有。信任的产生与人类对安全的需求欲望有着密切的关联，而人类的需求欲望同时也是导致诸多问题产生的主要因素，而需求欲望本身的性质则无法一概而论，如人们的求知欲常被认为是具有积极性质的，而为了追求不正当利益等则被认为是负面的。

尼克拉斯·卢曼（Niklas Luhmann）是德国当代著名社会学家，在其代表性著作《信任：一个社会复杂性的简化机制》一书中，卢曼认为信任的存在降低了人与人互动过程中的复杂性，是一种能够使得人们之间的关系简单化的简化机制。卢曼还认为，"信任与社会结构、制度变迁存在着明确的互动关系，信任本身就是嵌入在社会结构和制度之中的一种功能化的社会机制。当社会发生变迁时，信任的内涵和功能也会相应地发生改变"[2]。可见，信任本身即可被视为一种具有重要功能的社会机制，如果在社会治理过程中对其进行合理的、适度的制度化运用，无疑将起到一定程度的积极作用。

法国社会学家皮埃尔·布尔迪厄（Pierre Bourdieu）的信任观是构建在其社会资本理论的基础上的。布尔迪厄认为："社会资本是现实或潜在资源的集合体，这些资源与拥有或多或少制度化的共同熟识和认可的关系网络有关，换言之，与一个群体中的成员身份有关。它从集体拥有的角度为每个成员提供支持，在这个词汇的多种意义上，它是为其成员提供获得信用的'信任状'"[3]。对于布尔迪厄基于社会资本理论的信任观，李时敏（2011）认

---

[1] 董才生.论吉登斯的信任理论[J].学习与探索,2010(05).
[2] 高文侠.从"拒签手术"看我国医患信任危机及其消解机制[D].山东大学,2009.
[3] Pierre Bourdieu. The Forms of Capital[J]. Handbook of Theory and Research for the Sociology of Education, 1986:241-258.

为"社会资本与价值认同的关系、网络和资源的关系，这些关系网络为取得外部信任提供了共同身份的识别特征。这保证了信任关系在群体中扩散的低信任成本和群体对外关系的信任壁垒和较高的交易成本，因此具有群体的封闭性和群体内部的高密度"[1]。这种信任壁垒和交易成本的差异性提醒了诚信研究工作者在使用诚信社会资本进行社会治理的过程中，可通过测量治理对象的诚信水平在内部形成差异化的分层结构以及营造目标群体的范围壁垒，使社会治理的目标领域在其内部形成有层次的管理结构以形成激励效果，而在其边缘形成壁垒从而控制那些可能将严重威胁引入内部的主体被排除在外。

这种将信任或诚信视为社会资本的一种形式并加以运用的理念在其他相关学者的研究中同样有所体现或直接指出。美国社会学家詹姆斯·科尔曼（James S. Coleman）是社会学领域理性选择学派的主要代表人物之一。在其著作《社会理论的基础》中，科尔曼认为信任是可被用于进行社会治理的重要社会资本工具，当信任被用于进行管理时，将迫使人们在决策前根据其预期获利进行决策判断，因而对信任机制的调节能够减少监管成本和处罚成本。罗伯特·帕特南（Robert D. Putnam）基于科尔曼等人的前期研究，在其代表作《使民主运转起来》中对社会资本问题进行了进一步的分析，使社会资本的研究从个体层面上升到集体层面。帕特南对社会资本进行了更为深入的解析，认为信任、规范以及网络是社会资本的三个重要组成要素，"具有能通过推动协调的行动来提高社会效率的功能，这一定义得到了普遍的认同，并被作为解释经济增长和政治稳定等社会发展现象的关键因素"[2]。可见，信任或诚信等社会资本的存在对社会的影响巨大，通过理论研究更使得人们认识到维系优良的信任水平、诚信水平对经济发展具有积极意义。此外，帕特南更为重视社会信任，"在罗伯特·普特南的社会资本理论中……社会信任而非个人信任或组织信任被视为社会资本的主要内容。他更多地从社会宏观角度来认知信任，即信任与集体行动而非个人行动联系起来……异质网络比同质网络涉及更宽的社会层面，通过相互交往而产生的信任，使在异质网络中的人更容易相信不同类型的人；由于同质网络中的人只与自己相

---

[1] 李时敏. 社会资本理论及其信任观[J]. 重庆电子工程职业学院学报, 2011(Z1).
[2] 同上.

类似的人交往，他们往往更相信和他类似的人群；同质成员组成的网络比由异质成员组成的网络更可能产生高水平的社会信任"[1]。因而在通过诚信管理形成领域壁垒后，领域内部所形成的同质成员显然具有明显高于壁垒外部成员的诚信水平，这种高水平的诚信和社会信任将极大地降低系统内部的道德风险，这也是社会医疗保险诚信体系的意义所在之一。

  日裔美籍学者法兰西斯·福山（Francis Fukuyama）是当代信任研究领域的代表性人物。福山在其代表性著作《信任：社会美德与创造经济繁荣》中，以美国社会的信任问题为引，深入研究和分析了世界各国社会中的信任问题，福山将其分为两个部分，其中一部分包括中国、意大利、法国、韩国四国社会，这些国家的社会的典型特点是家庭起着核心作用，而自发社团组织相对薄弱，另一部分包括日本和德国，这两个社会的典型特点是社团的发展超越了家庭的地位，十分强盛且数量繁多。而对中国社会信任的分析中，福山指出华人社会的社会信任模式是华人企业规模难以做大、通常以小规模企业为主的主要原因，"华人向专业管理迈进时遇到的困难与华人家庭主义的实质不无关系。华人本身强烈地倾向于只信任与自己有血缘关系的人，而不信任家庭和亲属以外的人"[2]。尽管福山的分析针对的是企业和社会团体组织，但其分析犀利地发掘出我国当前社会信任问题的根源之一在于中华文化不善于扩展信任，这与韦伯的分析无疑相互印证，是我国社会医疗保险领域乃至其他社会领域中诚信缺失的主要因素之一。但诚信是中华传统文化的瑰宝之一，在我国进行现代化的社会建设过程中，应通过建立科学有效的制度政策，来引导我国强有力的家庭信任得以延伸至更为广泛的社会层面，而这显然对规避社会医疗保险道德风险、提高医保领域诚信水平能够起到极为关键的作用，是一个非常值得关注和研究的问题。此外，福山的卓越研究也提醒我们在研究信任、诚信以及与之相关的社会保险领域道德风险等问题的过程中，不应脱离一国的文化背景去谈制度建设，而应当将文化因素考虑在制度设计之内。

---

[1] 李时敏. 社会资本理论及其信任观[J]. 重庆电子工程职业学院学报, 2011(Z1).

[2] 弗朗西斯·福山. 信任[M]. 彭志华, 译. 海口：海南出版社, 2001:74.

2.2.2 国内诚信相关研究

诚信文化是由社会孕育而产生，因此中西方诚信文化必然存在差异。这就要求我们在研究我国社会诚信问题时，既要借鉴西方相关研究的宝贵经验，又要兼顾我国国情与文化对诚信问题的影响。

郑也夫是我国信任研究领域的著名专家学者，著有《信任：合作关系的建立与破坏》《中国社会中的信任》《城市社会学》《都市的角落》《信任论》等多部著作，以中国人的视角对信任问题进行了深入研究。郑也夫在《信任：溯源与定义》一文中详尽分析了中西方词源与古代典籍对信任的定义、俗语中对信任的定义、理论研究工作者对诚信的定义，并藉此定义了的信任关系应具有的三种性质："第一，时间差与不对称性。行动和兑现较之诺言和约定必然是置后的。言与行，承诺与兑现之间存在着时间差，信任者与被信任者之间存在着某种不对称性。第二，不确定性。具备了确定性，就存在风险与应对风险的这一特定方式了，也就不叫信任了。第三，因为没有足够的客观根据，信任属于主观的倾向和愿望。"郑也夫认为，"信任是一种态度，相信某人的行为或周围的秩序符合自己的愿望。它可以表现为三种期待，对自然与社会的秩序性，对合作伙伴承担的义务，对某角色的技术能力。它不是认识论意义上的理解，它处在全知与无知之间，是不顾不确定性去相信"[1]。显然，当他人的行为或身边的秩序与主观期望不相符合时，若此时内在、外在的约束机制无法有效运转，将使得通过不诚信行为谋利成为可能。郑也夫指出："国家没有丝毫的力量去创造信任，却拥有足够的力量摧毁社会中的信任。一个社会中流行的信任是其伟大历史和传统的恩惠。它的形成就是该民族的文明史。它的消失是缓慢的。但失去了想要找回来，需要几代人的时间，需要一个世纪的光阴"[2]。可见，民众作为社会政策的对象的同时，同样以各类不同社会身份参与到政策的实践中。百姓对改革政策的关注在本质上不失为一种评估行为，如果政策制定和推行考虑不周，将使人们对制度的未来产生疑虑和不信任，从而极大地影响我国养老保险制度体系的建设与发展。从这个角度看，我国社会信任体系经历"文革时期"的严

---

[1] 郑也夫. 信任:溯源与定义[J]. 北京社会科学, 1999(04).
[2] 郑也夫. 信任与社会秩序[J]. 学术界, 2001(04).

重破坏，且改革开放后长期未能重视精神文明建设，这要求政府在政策制定、政策实施、监督管理等方面必须重视政府行为对社会信任的冲击和影响。

张维迎是我国著名的经济学家，著有《产权、政府与信誉》《信息、信任与法律》等多部著作，对经济领域的信任问题研究十分深入。张维迎反对过多的管制，他认为"一个管制最多的地方，一定是骗子最多的地方，原因首先就在于管制消灭了市场本来应有的信用机制。第二就是管制越多，越是骗子就越有积极性贿赂政府，因为骗子贿赂成本低，只要拿到政府的批文，他就可以赚钱，而守法诚实的商人，他们受自我约束，或者没有额外的资金去贿赂政府，反而进不了市场"[1]。因此张维迎认为不应当经常赋予政府太大的责任，在与北京大学博士赵晓的谈话中张维迎指出："我们经常赋予政府太大的责任，这不是一件好事。实际上，在市场当中你应该是让直接的行为者去承担责任，而不要让政府承担太多的责任。"政府在市场活动中应当扮演什么样的角色、应当在何种程度上进行管治是世界性的难题，我们既不应当让政府承担过多的责任又无法让政府彻底放弃所有的监管，这种平衡点的寻找极为困难。从这个角度看，当前我国的诚信建设仅仅依靠社会主义市场经济自身来不断提升显然并不明智，因而现阶段仍然需要政府肩负起一定的监管责任。在道德风险的影响下，失信行为成本过低是导致我国社会失信行为频发的主要因素之一，而对部分不诚信行为的惩罚不够严格反而会使得人们存在侥幸心理，在这其中有相当数量的失信行为是无法通过市场竞争形成激励或惩罚的，因此仍然需要政府加以一定程度的监管。

董才生（2005）通过对比中国和西方的社会信任，认为可以以两者在约束形式方面的差异作为明显区别，将我国的社会信任机制定义为内在制度型，将西方的社会信任机制定义为外在制度型。董才生认为："中西不同的文化传统孕育了它们不同的制度类型，而由不同的制度类型塑造而成的中西社会信任在传统文化、基础与载体、模式与结构、程度与范围以及理性追求等方面呈现了各自不同的特点。中西社会信任正是依凭这些不同的特点在各自的经济与社会发展中发挥着独特的作用"[2]。而基于这些差异，导致中西

---

[1] 张维迎. 信誉在管制中丧失[J]. 中国改革, 2001(09).

[2] 董才生. 中西社会信任的制度比较[J]. 学习与探索, 2005(01).

社会在对社会中存在的失信行为进行治理的过程中存在明显差别:"中国的内在制度对中国人的社会交往行为的规范与约束主要是一种非正式的'软约束',它以道德灌输与道德教化为主要手段,通过非正式的惩罚方式,如排挤、指责、社会舆论谴责等来对违背者实施惩罚。西方国家的外在制度对西方人的社会交往行为的规范与约束主要是一种比较正式的强制性的'硬约束',它以强制执行的手段迫使人们遵守与服从,对于违背者采取正式的惩罚方式"[1]。从我国建设现代化、法制化社会的需求看,显然中国传统的内约束机制无法满足新时期的建设需求,学习西方社会的硬约束机制、增加失信成本从而促进社会规范化水平提高,显然是合理的选择。

张燕(2005)分析了中西方诚信观念的差异性,"中国传统诚信观念是根植于封建宗法社会、以道德规范为核心、以道德理念为表现形式、具有浓厚人伦色彩的行为规范。西方诚信观念是根植于商品经济社会、以法律原则为核心、以法律制度为表现形式、具有浓厚功利色彩的行为规范"[2]。

冯芸(2010)认为,我国的诚信建设可以有选择性地借鉴西方的诚信观念,基于对诚信词源的分析以及对西方诚信观念历史演变的梳理,冯芸指出"西方诚信观念历史悠久,经历了长期的发展形成了自己的特点。西方诚信以理性为依据、契约为表征和法律为基础。"与此同时,冯芸还认为西方社会诚信思想具有其自身的特点,其诚信观念具有明显的社会性且对资信的掌握和利用广受重视,而西方社会仍在寻找利益与诚信之间的平衡点、契合点。[3]

鄢雪梅(2006)认为我国当前存在诚信危机与西方资本主义的早期阶段极为相似,对西方诚信思想的研究和借鉴有助于我国的社会诚信建设。鄢雪梅指出,西方的诚信思想按照其内涵的发展大致可分为三个阶段:一是西方早期就非常注重诚信伦理规范;二是诚信由宗教伦理要求转化为一种法律原则;三是资本主义社会取代封建社会后,对诚信的研究、利用发展到了顶峰,这其中以信用的工具性研究、对诚信思想中的信任的重视以及诚信的商品化建设等方面为主要特征。[4]

---

[1] 董才生. 中西社会信任的制度比较[J]. 学习与探索, 2005(01).
[2] 张燕. 谈中西方诚信观念差异[J]. 湖北社会科学, 2005(12).
[3] 冯芸. 西方诚信观念及其对我国诚信社会建设的意义[J]. 山东省青年管理干部学院学报, 2010(02).
[4] 鄢雪梅. 西方诚信思想特征浅析[J]. 重庆职业技术学院学报, 2006(06).

可见，我国信任水平总体低下的现状是由于文化、历史与制度共同造成的。从文化和历史角度看，我国国民个体的信任，在实质上通常指向个人而非制度。从体制角度看，我国正经历从社会管理向社会治理变迁的过程，政府治理社会的理念有待进一步优化，官员任用、任免、升迁规则存在着阻碍发展的弊病。从制度角度看，现代社会保障制度属于舶来品，其中蕴含的契约理念在我国尚未成形，制度参与主体之间无法充分互信。在解决诚信问题时，一方面需要借鉴国内外诚信理论研究成果，另一方面要时刻考虑现实国情与文化因素所起作用。

儒家思想是我国传统文化中最为重要的组成部分。从文化层面看，时至今日儒家思想仍然是主导我国社会发展的根本因素。尽管我国早已不再宣传儒家文化用以治国转而努力建设现代化的法制化社会，但儒教顺应社会、顺势而为的倡导仍在潜移默化地影响着亿万国人。沿袭这一思路，中国人的信任对象常常指向领袖或常常局限于血缘关系范围内就变得容易理解，一如福山对华人社会信任特征的分析。而带有这样特性的信任结构显然与西方社会中基于契约形成的法律制度体系不能够完美的兼容，也是现代社会保障制度诚信缺失的深层因素之一。

禹建柏（2007）通过对比儒家诚信与西方诚信，指出中国传统儒家与西方诚信观之差异在于三个主要方面：第一是诚信的理性差异，西方强调诚信的工具理性作用，而中国儒家则强调诚信的实质理性作用；第二是人性基础的差异，西方诚信观的人性基础是人的利己性，而中国传统儒家诚信观的人性基础是人性是本善的，人们之间是可以相互信任的；第三是文化背景差异，西方文化赖以产生的基础是以工商业为主的社会生产方式，基于商品经济和法制文化基础上的诚信，更多地体现了理性至上的观念，以理性维护自己的权利和义务，而不为血缘、亲缘情感所支配、诱导，而中国自古以来，诚信都是建立在亲人、熟人、朋友信任基础上的，可以这样说，中国传统社会是一个十分典型的人情社会。[1]儒家思想影响下的中西诚信观念差异由此可见一斑。

包国庆（2005）通过梳理中西诚信文化纵向价值取向与横向价值取向的异同，指出福山通过"血缘"来剖析信任的研究开辟了新的研究视角，"一

---

[1] 禹建柏. 儒家诚信与西方诚信之差异比较[J]. 企业家天地下半月刊(理论版), 2007(07).

旦超出血缘范围，社会信任立即进入整个经济运转的链条。否则将极大增加经济运转环节事务性成本，极大地降低经济效益。当我们回到中国传统文化，那么福山的'血缘'关系就应该是打开儒家文化仓库的一把钥匙。"包国庆认为，中国社会诚信的重构应遵循以下三个层次：第一，政府的政务诚信；第二，经济的市场诚信；第三，社会的文化诚信。通过建立包括诚信的评价体系与失信惩罚机制在内的社会信用制度，来重构社会诚信。[1]从上述学者通过对中西方诚信理论的研究中不难看出，我国传统文化中的儒家思想对我国社会诚信的现状具有重要影响，因而在探讨我国社保诚信问题时，要在尊重文化传统的基础上重建信任机制。

在重建我国社会保障诚信的过程中，既要尊重国情与文化，又要考虑其局限性。陈丽君（2002）指出，"在对待诚信的看法上，中国文化和西方文化非常一致地将诚信视为是社会道德体系以及个人道德素质要求的核心成分。但在具体的理解上，两者存在着极大差异，并由此影响了不同文化背景下人员诚信行为表现特征上的差异"[2]。方丽娟等（2004）关注了中西诚信在理论研究和实践应用两方面存在的差异，指出中西在文化背景、社会经济发展历史等方面均存在差别，但必须承认的是与西方相比我国在诚信理论研究和将诚信应用于实践这两个方面仍然存在严重不足，"它表明中国理论界对诚信问题的研究滞后于实践的要求，也表明了中国传统对诚信概念过于强调'信'，以及目前将诚信等同于'信用'，有明显的局限性"[3]。

畅秀平（2008）以美国《公平信用报告法》为例，对美国的诚信制度及其对中国的借鉴意义进行了系统性的深入研究，指出"中国的诚信重在感化，美国的诚信重在规制；中国的诚信出于礼教，美国的诚信出于功利；中国的诚信取决于精英，美国的诚信取决于百姓……建立当代中国诚信制度，意味着我国往昔以道德手段调整信用关系方式的转变和以法律手段来规范、促进和保障社会诚信的开端。"在谈及信用体系建设时，畅秀平认为，建立健全社会信用体系，形成以道德为支撑、法律为保障的社会信用制度成为社会的共识。畅秀平指出，美国《公平信用报告法》给予我们的几点启示尤为重要：第一，政府推动是信用体系建设的动力；第二，完善信用法律监管体

---

[1] 包国庆.职教发展的深层障碍——中西职业教育的文化比较[J].教育发展研究，2006(17).

[2] 陈丽君，王重鸣.中西方关于诚信的诠释及应用的异同与启示[J].哲学研究，2002(08).

[3] 方丽娟，郑涛.中西诚信伦理的主要差异[J].中央社会主义学院学报，2004(04).

系是信用体系建设的保障；第三，建立征信评信制度是信用体系建设的核心；第四，培育信用交易主体是信用体系建设的基础；第五，健全中介服务机构也是信用体系建设的桥梁。"[1]

中国人民大学教授葛晨虹（2003）对道德问题的研究较为深入，在其《诚信是一种社会资源》一文中探讨了将诚信这一宝贵社会资源通过相应社会管理机制进行利用的重要性，葛晨虹指出："诚信是一种比物质资源、人力资源更为重要和宝贵的社会资源。诚信不足将给市场经济和社会发展造成严重危害。我国市场经济条件下的诚信规范，既是一种做人的德性要求，也是社会各种利益关系的协调保证机制。开发优化'诚信'资源价值，改善社会信誉环境，是一项系统工程，需要全社会共同努力"[2]。葛教授的研究指明了运用诚信社会资本进行社会治理的重要方向，并且提醒人们诚信社会资本的运用离不开体系化的制度建设，在利用诚信社会资本进行社会治理的过程中应注重科学性。

必须指出的是，尽管诚信作为社会资本能够对社会诚信水平的提高形成有效促进，但社会保障诚信的重建仅仅依靠道德约束是不够的，必须通过将诚信社会资本工具化，通过建立完善的诚信体系进行监管和引导。焦国成（2002）认为，"社会道德是靠四种力量维系的：一是社会的道德教育和导向，二是个人的内心信念和道德修养，三是社会环境的熏陶习染，四是社会法律等刚性力量的强制。诚信建设也需要从这四个方面着手，同时，为了更有效地进行社会诚信建设，我们还应当寻找恰当有效的诚信建设机制。"焦国成据此指出："加强舆论宣传、引导正确价值导向、加强法律建设、加大惩罚和对违规违法行为的打击力度、建立信用记录档案等措施是促进我国社会各领域诚信建设的必经之路"[3]。而这其中关于信用记录方面的建设，我国仍然处于刚刚起步阶段，亟待加强，且信用监察体系的建设是一个系统工程，但目前仍欠缺相关的理论研究，我国在信用监管方面的建设工作仍然任重道远。

杜振吉（2004）研究了社会保障体系的诚信建设对社会诚信建设的影响力巨大，"要建立完善的制度体系，强化他律性约束机制；建立相关的法律

---

[1] 畅秀平.美国的诚信制度及其对中国的借鉴意义[D].复旦大学,2008.
[2] 葛晨虹.诚信是一种社会资源[J].江海学刊,2003(03).
[3] 焦国成.关于诚信的伦理学思考[J].中国人民大学学报,2002(05).

体系，为诚信建设提供法律方面的保障；建立和完善政府信用的监督约束体系，树立和改善政府的信用形象；建立诚信测评管理和诚信奖惩激励体系，为诚信建设提供正确的价值和舆论导向；建立诚信道德教育体系，在强化他律的同时强调自律。"[1]可见法律建设是社会医疗保险诚信体系的重要一环，仅仅依靠道德或社会舆论是难以有效杜绝医保失信问题的。在重建信任机制的道路上，自律与他律缺一不可，因此我们需要系统性的研究医保诚信体系的建构。

2.3 总结与思考

通过梳理中外学界对社会医疗保险道德风险以及对诚信理论研究，得出以下几点结论：

第一，社会医疗保险道德风险问题的根源在于契约关系中恒常存在的信息不对称；第二，道德风险问题对社会医疗保险制度健康稳定运行所造成的威胁远大于逆向选择，有效防控医保道德风险实属当务之急；第三，经济学分析指出信息不对称在合同体系中难以彻底消除，因而单纯依赖优化市场竞争机制本身的做法对防控道德风险的作用有限，只能用于追求建立次优的交易模型来尽可能地规避道德风险；第四，诚信作为一种极为重要的宝贵社会资本能够在解决社会问题的过程中起到不容忽视的作用；第五，社会医疗保险道德风险问题的规避需要建立体系化的综合机制，通过整合与协调制度优化、社会资源等各类手段所起到的积极作用，从不同的角度来着手降低信息不对称所带来的系统性风险。

由此可见，规避社会医疗保险道德风险既不能单独依赖制度优化，也不能将希望完全放在市场参与者的诚信自律上。前期研究成果在带来启示的同时，亦存在一些值得继续深入研究的问题。

首先，对信息不对称的研究有待进一步深入。从道德风险问题产生的根源看，信息不对称被认为是导致逆向选择和道德风险的根本因素，而关于信息不对称本身，传统研究似乎对非对称信息存在的根本缺乏追根溯源的研究。信息不对称产生和存在的机理是什么？在何种程度上可以最大化信息对

---

[1] 杜振吉.论诚信的社会保障体系[J].云南民族大学学报(哲学社会科学版),2004(01).

称从而从根本上对逆向选择与道德风险进行规避？

其次，对我国社会医疗保险道德风险的具体成因的研究有待进一步深入。尽管信息不对称被认为是导致逆向选择与道德风险问题的主因，但在不同国家、地区因具体国情、文化等因素的差异，社会医疗保险制度中的逆向选择和道德风险问题的成因与表现形式必然存在差异，文化的遗传效应对一国正度政策实行过程中所造成的影响是制度设计与革新过程中必须加以考虑的重要因素之一。

第三，对我国社会医疗保险道德风险规避机制的研究有待进一步深入。在现有的研究中，各研究领域的工作者常常在解决道德风险问题的过程中指出应用诚信等社会资本的重要性，但我们不能仅仅呼吁建立信用系统，而要在我国国情和文化的基础上通过分析目前我国社会保险诚信的现状，根据社会医疗保险市场运作体系的运行机制、结构特点等因素，制定体系化、系统化的诚信体系来规避道德风险。那么，我国社会诚信有哪些特点？与西方相比较有何异同？我国社会医疗保险道德风险问题具体面临着哪些问题和挑战？这些问题的背后有着何种影响因素？用于社会医疗保险道德风险的制度体系应当如何构建？这些都是值得深入研究和分析的关键问题。

针对上述问题，笔者希望在前人研究的基础上，对非对称信息以及逆向选择、道德风险问题继续追根溯源进行研究，同时以我国基本国情、文化传承、民俗民情等为出发点重新审视我国社会医疗保险道德风险问题的成因，并对诚信等社会资本参与规避社会医疗保险道德风险等问题进行系统化的研究，并藉此提出社会医疗保险诚信体系的基础理念和基本框架。

第3章　我国社会医疗保险失信现象的实然现状

社会医疗保险制度采用第三方支付的特殊模式，因而社会医疗保险基金必然要参与到医疗服务市场的日常运营之中，从而使得医疗服务市场中的道德风险隐患威胁到社会医疗保险制度的制度安全。与此同时，现行社会医疗保险制度中存在的设计缺陷与漏洞亦为道德风险的发生提供了机会。

可见，对社会医疗保险道德风险问题的考察应当从两个层面来进行，一是从宏观角度考察制度顶层设计缺陷及漏洞与医保道德风险隐患之间的关系，二是从微观角度考察医疗服务市场运行过程中道德风险所引发的实质问题。在道德风险的影响下，我国医保诚信的实然现状与应然状态之间的差距则是待解决的问题所在。道德风险的产生被研究者认为始于契约关系中存在的信息不对称现象，而道德风险隐患的实际发生则与市场参与者对自身效用最大化的追求欲望直接相关。从世界范围看，各国面对道德风险问题无不想尽办法进行规避，以降低信息不对称所带来的风险水平。尽管道德风险的发生常常表现为失信主体过度追求自身效用，但从宏观视角来看，如若社会保险制度本身的设计存在有失公允、难以满足公众等其他缺陷，将使参与其中的民众对制度的未来无法充分信任，在这种情况下，追求短期的眼前利益显然是更为理性的选择。对于这样的行为选择所产生的影响可以简单地进行概括性描述，即社会医疗保险制度能否得到民众的充分信任，不仅影响着制度覆盖范围，更对保险制度中的逆向选择与道德风险问题有着不容忽视的影响。对这一问题的详细分析将被放在余下的章节，而在本章我们将尝试从不同的层面来观察和分析我国社会医疗保险道德风险问题引发失信乱象的实然状况。

现代社会医疗保险制度中存在着道德风险问题，而道德风险有效防控机制的缺失使得失信乱象难以得到有效管控，导致医保领域诚信水平下降，从而严重影响着社会医疗保险制度的健康发展。从风险角度看，社会医疗保险运行过程中存在的诚信缺失问题势必在不同层面上带来程度不一的制度风险，诚信缺失会以无形的方式对社会医疗保险制度以及医疗卫生服务市场形成难以估量的巨大影响，是社会医疗保险体系健康发展与稳定运行的重要隐患。这样的隐患不仅存在于社会医疗保险制度中，而是存在于所有社会医疗保险的各个组成部分中。与社会养老保险等险种相比，采用第三方支付模式的社会医疗保险无疑有着更为复杂的运营状况。

从制度层面看，在我国社会保险制度的发展历程中，由于我国经济的发展速度十分迅猛，社会保险制度的调整难以使所有社会阶层感到满意，从而在制度层面引入信任问题。德国社会学家、哲学家齐美尔认为，"信赖是在社会之内的最重要的综合力量之一"[1]，信任是社会良性运行的重要基础之一，"离开了人们之间的一般性信任，社会自身将变成一盘散沙，因为几乎很少有什么关系能够建立在对他人确定的认知之上"[2]。显然，对于一个不受民众信任和支持的社会保险制度，其在运营过程中必然举步维艰，参与其中的行为主体在低信任水平下将为了最大化自身效用而毫不犹豫地通过各种手段来获取利益，从而引发更大规模的道德风险问题。因此，在社会保险制度设计过程中时刻考量其对社会信任的影响，是从制度层面规避道德风险的重要出发点。从实践层面看，道德风险问题的存在不仅对社会保险基金的安全运营产生威胁，还对社会诚信水平产生影响，从而在各个层面影响着社会保险制度的稳定运行。

3.1 社会医疗保险制度层面因素导致社会信任缺失

与其他社会保险险种相比，社会医疗保险制度涉及第三方支付，这无疑加大了制度运行的复杂性，提高了管理难度。尽管我国医疗体制改革已历经多年辛苦建设，并取得一定成绩，但社会医疗保险经办机构在实际管办操作中仍然面临许多问题和挑战。在这些问题当中，有一些是与我国社会医疗保

---

[1] 盖奥尔格·西美尔. 社会学[M]. 林荣远, 译. 北京: 华夏出版社, 2002:251.
[2] 盖奥尔格·西美尔. 货币哲学[M]. 陈戎女等, 译. 北京: 华夏出版社, 2002:111.

险制度的制度顶层设计直接相关的。这些长期悬而未决的问题不仅影响了医保经办机构的办事效率，更在医保制度运行层面招致民众不满，影响了全社会对我国医保制度总体信任水平的提高。因此，政府在制定和推行社会政策的过程中，需要充分考虑到政策与社会信任之间的相互影响。

3.1.1 社会医疗保险制度的历史演变对社会信任影响颇深

现代社会保险制度是国家通过立法强制实行，用以从养老、医疗、生育、就业、工伤等诸多方面来全方位保障国民生活基本需求的重要社会政策，是保障社会稳定的安全阀和调节居民收入分配的重要制度工具之一。社会保险制度运行一方面依靠国家强制力保证实行，另一方面离不开参与其中的民众的支持作为制度稳定运营的基础。在2015年吉林省人力资源与社会保障厅社会保障诚信体系建设研究课题组对吉林省社会保险领域诚信水平的调研中，仅有不足六成（58.1%）的受访民众对社会养老保险表示信任，对社会医疗保险表示信任的比例为62.4%；表示对社会保障制度充满信心的只有43.9%，表示信心不足和没有信心的分别占到28.1%和11.8%。在参加了社会医疗保险的受访民众中，仅有半数（50.1%）的受访者认为社会医疗保险制度对群众健康水平的提高起到了积极作用。由此可见，我国现行社会保险制度体系并未得到民众的充分信任，调研数据体现出的民众对社会保障制度的总体信任水平令人对社会保险制度未来的发展感到非常担忧。失去信任的制度将遭受到民众的质疑和抵制，促使逆向选择和道德风险等不稳定因素的影响加剧，从而撼动制度赖以存续的根基。我国社会医疗保险制度历经几十年的建设与发展，在取得诸多成绩的同时也面临着制度信任方面的问题与挑战。

与其他社会保险险种相类似，我国社会医疗保险在新中国成立后经历了漫长的建设与发展历程，并在从计划经济向市场经济过渡时期经历了制度剧变，使社会医疗保险制度的社会信任状况始终处于不断变化之中。

1949年9月29日，中国人民政治协商会议第一届全体会议通过了起临时宪法作用的《中国人民政治协商会议共同纲领》，并在第四章第三十二条明确指出"逐步实行劳动保险制度"的方针政策。1951年2月26日，国家颁布《中华人民共和国劳动保险条例》（以下简称《劳动保险条例》），并于1953年、1956年两次修订，全面确立了适用于我国城镇职工的劳动保险制度。"在城镇，医疗保障体系分为两种方式：公费医疗和劳保医疗。公费医疗建立于1952年，面向国家机关和全民所有制事业单位工作人员、高等学校在校学生和二等乙级以上革命残废军人，由国家财政按人头拨付给各级卫生行政部门，实行专款专用、统筹使用原则。对于职工家属的医疗费用，由职工缴费的单位统筹负担或由单位福利费补助。劳保医疗建立于1951年，面向国有企业的职工和退休人员，县以上集体企业参照执行，1969年以前由企业生产成本列支的劳保医疗卫生费负担，以企业自留的劳动保险金和福利费补充，1969年以后，由企业医疗卫生费、福利费和奖励基金合并的'企业职工福利基金'负担。职工家属就医，由企业负担50%，对于困难家庭，企业酌情增加补助。在农村，医疗保障主要由合作医疗承担。在1950年代中期，许多地方在农业合作化的启发下，自发建立了以集体经济和农民自发筹资为基础，具有医疗保险性质的合作医疗制度，并且在1959年的全国卫生工作会议上得到正式肯定，由此在各地农村逐步得到推广。1968年，毛泽东批示湖北省长阳县乐园公社办合作医疗的经验，称赞'合作医疗好'，此后，推广合作医疗便不仅是一项社会事业，而且是一项执行最高指示的政治任务了，到1975年合作医疗在全国覆盖率达到84.6%，到1970年末，甚至达到了90%以上。"[1]2006年，诺贝尔经济学奖得主阿马蒂亚·森在北大演讲中称：中国的医疗卫生曾经创造过辉煌的历史。计划经济时代的医疗保障体系在资源匮乏的情况下解决了数亿国人的医疗问题，当时的医疗保障体系甚至被世界卫生组织评价为"奇迹"，并向全世界推广中国经验。受限于总体经济水平和基本国情，医疗保险在这一时期的发展速度较为缓慢，但受到了社会各界的广泛认同与信任。郑功成认为，计划经济时代的医疗保障体系的主要特征可归纳为三点：城乡分割、三元并立、封闭运行，基本满足了当时城乡居民的医疗保障需求。不患寡而患不均，尽管医疗水平和条件有限，但由于其较好地维护了社会公平与正义，使医疗保障体系能够保持良好的诚信水平。

在改革开放初期，市场经济的发展虽然对原有医疗保障体系带来一定程度的影响，但总体上仍然延续着改革开放前的政策。但随着经济体制改革的不断深化，原有的医疗保障体系逐渐难以适应社会与经济的发展，我国社会医疗保险制度进入了探索与改革阶段。1993年11月14日，中国共产党第

---

[1] 《团结》编辑部课题组,张栋.新中国以来医疗卫生事业的发展轨迹[J].团结,2011(02).

十四届中央委员会第三次全体会议通过了《中共中央关于建立社会主义市场经济体制若干问题的决定》，其中给出"建立多层次的社会保障制度，为城乡居民提供同我国国情相适应的社会保障，促进经济发展和社会稳定"的发展策略，并明确提出"城镇职工养老和医疗保险金由单位和个人共同负担，实行社会统筹和个人账户相结合""发展和完善农村合作医疗制度"等医疗保险改革的方针政策。1998年12月14日，国务院颁布《关于建立城镇职工基本医疗保险制度的决定》，确立了"基本医疗保险基金实行社会统筹和个人账户相结合"的医疗保险制度，并要求"建立城镇职工基本医疗保险制度工作从1999年初开始启动，1999年底基本完成"。随后在2002年、2003年，有关部门先后颁布《中共中央、国务院关于进一步加强农村卫生工作的决定》《关于建立新型农村合作医疗制度的意见》等文件，正式开始新农合的制度建设。2007年，国务院颁布《国务院关于开展城镇居民基本医疗保险试点的指导意见》，将城镇居民正式纳入医保制度的保障范围。近年来，机关事业单位医疗保险体制改革在全国各省不断深入，目前多数省份已经实现了由公费医疗改革成为职工医疗保险制度，有关部门希望借助机关事业单位养老金改革的契机，进一步推进机关事业单位人员参加医疗、工伤和生育等社会保险。2009年3月17日，中共中央国务院关于深化医药卫生体制改革的意见向社会公布，就此拉开了新医改的序幕。该意见以政府主导、市场调节为基本管办原则，提出了缓解看病难、看病贵的短期目标，以及建立健全覆盖城乡居民的基本医疗卫生制度这一长远目标，并在意见中强调了应加强宣传，增强民众对医疗卫生制度建设的信心。但在随后的医疗保险改革过程中，看病难、看病贵、以药养医等制度层面的问题仍未得到有效解决。由于在医改过程中长期未能解决药价虚高的问题，2015年5月，经国务院同意，国家发改委、卫计委、人社部通知决定对原由政府进行定价的绝大部分药品取消政府定价，将药品定价交由市场自由竞争形成。而在其后的改革过程中，药价问题的解决始终处于尝试之中，从市场竞争定价，到结合医保支付标准和集中采购来引导价格，始终未能找到有效限制药价虚高问题的办法。此外，优质医疗资源的配置过于集中的现状则使百姓看病难的问题难以解决。医疗行业市场化的今天，优质资源在市场竞争中逐渐向资源优势区域不断汇聚，包括优秀医生和资金在内的大量优质医疗资源往往集中在北上广深以及各省省会等地，而在这些资源优势型城市中，医疗资源更加倾向于向某些或某个大型综合性医院汇聚，从全国范围看，这种情况使得医疗资源供给极为失衡，加剧了资源弱势地区百姓看病难的问题，而从人口数量上看，后者的基数更为庞大，对医疗资源的需求量也很大，缺乏当前市场经济条件下的有效的医疗人才与资源供给调节机制是一个亟待解决的关键性问题。

通过简单梳理可见，我国社会医疗保险的制度建设已经取得了诸多成绩，2020年实现覆盖城乡全民社会医疗保险制度的改革建设目标似乎指日可待。通过城镇居民和农村的医保建设，实现了医保扩面，并在建设的同时通过不断宣传加强了民众对社会医疗保险制度的信心。对机关事业单位公费医疗制度的改革则极大地维护了制度公平，使制度信任得到了进一步保障。但与此同时，看病难、看病贵、以药养医等制度层面的医改难题依旧是影响社会医疗保险制度取信于民的关键因素。

从社会政策的角度看，医保改革政策的推行应具有一定的策略性，并应当对宣传工作加以高度重视。应尽可能地避免改革对社会信任造成冲击和损害，绝不应以牺牲社会信任为代价进行改革。信任是社会秩序得以建立和存在的根本基础之一，对于一项社会保障政策，"个体的信任水平直接影响其参与行为"[1]。长期以来，我国从计划经济时代延续而来的强政府、弱社会的管理格局使得公共政策的制定过程始终缺乏政府之外的参与主体，由此造成了严重的信息不对称问题。现阶段我国处于政治体制、经济体制改革与转型的关键时期，强政府、弱社会的格局一方面导致社会缺乏责任意识，另一方面导致民众和媒体舆论难以及时有效地获得相关信息，从而无法对公共政策进行准确的理解与认识。对制度进行改革时不仅需要审时度势、有理有据的制定和推行改革政策，更要做好全方位的宣传工作，向社会提供可信度高的权威解释，使公众能够正确地理解并接纳改革政策。

因此，审慎设计医疗卫生体制改革路线和决策、加快医疗卫生资源整合与供给建设，并藉此提高民众对社会医疗保险制度的信任程度，是在宏观制度层面夯实医保赖以生存的民众基础、促进规避道德风险的必然选择。

3.1.2 医保经办机构的单位性质问题

该问题的存在使得医保经办机构在管理过程中常常处于比较尴尬的地

---

[1] 吴玉锋. 新型农村社会养老保险参与实证研究：一个信任分析视角[J]. 人口研究, 2011(04).

位，在处理一些事务时往往受到师出无名、缺乏相关法律依据等难题的掣肘，令许多道德风险问题难以进行有效管控。

某市医保局领导在与吉林省社会保障诚信体系建设调研团队的座谈会上提道：

国外诚信度较高，主要因为法制健全且法律执行者能够严格履行职责。目前，在行政管理层次方面，仍存在较大问题。如社保属于正厅级，而医保属于正县级（即正处级），医保服务人口数量多于前者，另因医疗工作每年情况变化不一，疾病种类、严重程度多变，因而工作量巨大。但由于医保行政级别较低，因而长期处于人员匮乏状态，在人事配备上处于较弱的局面。此外，医保局属于事业单位，但却在实际工作中行使许多政府职能、发挥监督作用，存在很大困难。

我国在医改过程中将很多压力压给医保，虽然医保经办机构应当按照上级指示完成相应任务，但仅仅依靠医保经办机构来解决医疗体制改革过程中所面临的问题仍有不小的难度。

如对于药品价格、医疗材料价格等问题，常需要医保机构去谈判和约束医疗机构。但实际上，医保无法深入到医院之中与药商、材料商谈判，其原因在于医院当前是差额拨款，其拨款数额仅能负担医院退休人员养老金的支付，而在职医护员工的工资来源只能依靠药材、材料的利润。再如在基层诊疗结构改革方面，当前的政策要求医保经办机构将医保基金向基层诊疗机构、医院倾斜。由此可见，医保一方面在药品、材料降价问题负责谈判，并负担医院提高诊疗费、手术费的补差费用，另一方面还需肩负基层医疗经办机构的资金支持，从而使医保经办机构在医改过程中承担着极重的责任。

虽然医保经办机构由于自身控费需要、完成上级布置任务等因素，肩负上述责任理所应当，但在医疗卫生体制改革过程中，以医保经办机构作为杠杆来平衡医院、药厂、材料商、患者等多个主体的利益，显然难度巨大，几乎是不可能完成的任务。

我国社会医疗保险制度的制度顶层设计是根据实际情况，并经过详尽的商讨、研究后设计而成的，其中付出的艰辛努力值得尊敬和学习。但其中存在的一些问题却对实际的医保管理工作造成了很大影响，使地方医保经办机构难以完全发挥其职能，造成了部分实际问题得不到有效解决，甚至有时出现无法进行管理等尴尬局面，而这些由于制度设计所导致的管办问题将使医保制度中遵纪守法的主体利益无法得到有效保障，当其合法利益因为这种原因受损时，社会对医保制度的信任水平显然将遭受负面影响。

3.1.3 公立医院财政政策与看病难、看病贵、以药养医

我国医疗卫生服务体系中存在的看病难、看病贵问题是广受社会各界批评诟病的难题，历经多轮医改依然无法得到有效解决，使民众对我国的医疗服务供给制度十分不满。吉林省某市某医院负责人在与吉林省社会保障诚信体系调研团队的座谈会上就看病难、看病贵、过度检查、过度用药、以药养医等一系列问题发表了看法，其中透露了医疗服务供给方在现行制度运行过程中存在无奈和为难之处：

看病难体现在患者都涌向大医院就医，建议通过分级诊疗来解决，但分级诊疗的前提是要解决医疗资源配比问题，基层医疗卫生机构医疗资源太贫乏。国家还应大力培养全科医生，将其安排在基层医疗卫生机构医疗，取得人们的信任就不会出现所有病人都涌向三级医院的现象。

"过度检查、过度用药"的情况任何医院都存在，只是程度大小不同的问题，但并非社会舆论所说的那么严重，有些检查是医生为了避免误诊所必需的保护性检查。因为医生面临巨大的社会压力，一旦出现误诊对医生的影响是巨大的。现今的体制决定医院自负盈亏，公益性弱，并且衡量院长工作好不好也是看医院的总收入，每个医院都追求总收入，而这些收入必然是来自患者的。医院属于事业化单位，企业化管理，无论是医院整体还是医生个人都在商业化管理下不得不追求利润。根本得不到改变，"过度检查、过度用药"的现象是不可能杜绝的。此外，过度医疗的说法缺乏理论界定，在实际工作中难以评判。

当前体制下，取消"以药养医"不现实。医院都是自负盈亏，药品收入在医院总收入中占很大比例，检查虽然纯收入大但总额不是很高。为了医生的生计，只能"以药养医"，不能说是医生的道德品质问题。

可见，看病难、看病贵、以药养医等问题不仅仅与医疗服务供给方有关，还与我国卫生医疗制度体系的总体设计有关。在调研过程中笔者了解到，目前我国公立医院属于事业单位，虽能享受一定数额的财政拨款，但往往仅能满足用于医院退休人员的相关开支。这种差额拨款的财政形式存在很大问题，由于国家拨款总额无法满足公立医院在职员工工资、医院建设等方

面的巨大需求,且常常缺口巨大,因而以药养医便成为医院维持运营、谋求发展的唯一选择。从这个角度看,尽管医疗服务市场中确实存在个别为了追求利益而对医疗服务需求方狮子大开口的不良医疗服务供给机构,但对于绝大多数正规运营的医院——尤其是公立医院来说,实行以药养医的运营策略亦属无奈之举。因此,想解决看病难、看病贵、以药养医等与百姓医疗成本直接相关的问题,单单依靠规范市场秩序是无法完成的。

3.1.4 医保药品目录问题

医保药品目录与医保参保人的关系紧密,但我国医保药品目录管理的效率却十分低下。现行医保药品目录更新周期漫长,远远跟不上时代进步的脚步,与实际需求严重脱节,且在不同医保体系中还存在目录不统一的等现象。

吉林省某市医保局领导在座谈会上针对医保药品目录问题举了一个例子:

我跟着省里面出去搞调研,在江苏省泰昌县,当地基本报销水平已经达到90%甚至95%以上。当地政府不敢将报销比例提高到100%,但当地政府通过建立大病报销机制,对部分药品目录外不报销的药品进行报销,变向增强百姓医疗福利,防止部分患者人群因病返贫,保障患者利益。由此看来,国家大病医疗保险保障了一部分人的医疗问题,但在力度上很难普及全民。与其这样为什么不在基本段提高百姓医疗水平,扩大报销药品目录?到底是政治需要,还是实际需要?

如果没有建立起长期有效、合理科学的体制机制,无法从源头对医疗存在的问题进行解决,特别是医药流通领域上的问题,是很难解决当下医疗领域存在的问题。

除医保经办机构外,在调研团队与医保定点药店代表们的座谈会中,药店代表亦对医保药品目录的更新效率表示不满。资料显示,我国在2016年下半年启动了新一次的医保药品目录更新工作,预计将于2017年完成,这次更新距离上一次在2009年的医保目录更新竟然已经过去了8年之久。在科技进步、医疗技术革新、医药水平快速进步的当今时代,我国医保药品目录的更新效率是完全让人无法接受的。并且在如此之慢的更新效率下,医保药品目录所规定的分级报销比例设计同样欠缺科学性,亦招致民众不满。

此外，吉林省某县基层卫生诊疗机构负责人指出当前城镇职工医保药品目录与新农合药品目录存在差别，这种因城乡身份不同而区别对待的制度设计在实际工作中引起了百姓的极大意见。我国应加快相关目录等机制的整合工作，消除歧视性的规则设置，对全体公民做到一视同仁。

除上述问题外，我国社会医疗保险在概念、立法等方面还存在一些其他问题。如社会保险理论指出社会保险应具有非营利性、公益性等特性，我国《社会保险法》中也未提到营利性，但政府下发到医保经办机构的文件中却要求"微利性"，这显然造成了行政指令与理论要求形成矛盾；又如《社会保险法》本身的可操作性较低，且缺乏相关的司法解释，在实际工作中造成许多问题。上述这些制度层面存在的问题在制度实践层面均导致了程度不一的现实问题和矛盾，不仅影响了我国社会医疗保险制度本身的稳定运行，还对社会信任造成了影响，需要在社会保险理论研究工作、制度顶层设计工作中加以特别重视。

3.2 我国医疗服务市场中的失信行为表现

从医疗服务市场运行层面看，社会医疗保险道德风险主要包括医疗服务需求方道德风险、医疗服务供给方道德风险，以及医保经办机构等相关管办机构道德风险三个方面。总的来看，医保失信行为、不当行为、违规甚至违法行为是医保领域道德风险由风险隐患演变成风险事故，并最终导致产生现实损失的具体形式。道德风险问题的负面影响在不同医保参与主体的身上有着不同的表现形式，某些不诚信行为的背后还有着千丝万缕的联系，社会医疗保险道德风险问题导致的失信行为现状具有高度的复杂性。

随着社会医疗保险的建设和医疗体制改革的进行，医保套现、医患纠纷、过度医疗等不诚信的行为在近年来呈愈演愈烈之势，使得医保道德风险问题愈发凸显，这些非制度层面的负面因素在微观层面从社保制度运行的细枝末节不断蚕食着社会医疗保险体系的社会信任基础。社会医疗保险体系中的不诚信行为极易被效仿和传播，这无疑使道德风险隐患在更大的范围上影响着社会诚信水平，甚至使社会医疗保险道德风险问题的负面作用辐射到医保制度之外。

3.2.1 医疗服务需求方失信行为表现

3.2.1.1 冒用医保卡

社会医疗保险卡，简称医疗保险卡或医保卡，是医疗保险个人账户专用卡，以个人身份证为识别码，储存记载着个人身份证号码、姓名、性别以及账户金的拨付、消费情况等详细资料信息，严禁借给他人使用。然而，冒用他人医保卡就医的现象屡屡发生。2012年4月24日，浙江省龙泉市人社局接到群众举报：62岁的病人翁某，用女儿职工医保卡在某医院住院治疗。次日，该局与社保中心工作人员一起，及时制止了这起冒用他人医保卡就医行为，并挽回了医疗费1188.4元的损失[1]。2015年7月，经安徽省六安市医保中心调查取证，查实一起六安市中医院多名职工利用职务之便，冒用他人职工医保卡收治病人住院，套取医保基金的违规行为[2]。2015年9月18日，据福建省医疗保险管理中心通报称，福建省医保中心近期在对福州东南妇幼医院进行实地稽核时发现，该院存在患者冒用医保卡就医，收费项目与病历、医嘱不符及药品、医用材料、医疗服务项目违规收费等问题，违反了《省本级城镇基本医疗保险一级及以下定点医疗机构医疗服务协议》第39条。经研究，决定暂停该医院门诊医保定点服务1个月[3]。冒用医保卡的不诚信行为屡禁不止，在全国各地均有发生，应当引起重视。2015年吉林省诚信体系建设研究调研数据显示，在参加了社会医疗保险的民众中有7.9%曾因不同原因主动或被迫使用他人医保卡来支付自己在医院就医的开销，而在面向医生的调研中，有高达44.9%的受访医生表示曾经遇见过患者使用他人医保卡就医，其中更包含4.7%的受访医生表示经常遇到患者冒用医保卡的情况。而调研整体诚信状况的问卷数据显示，有34.3%的受访民众曾经使用他人医保卡前往药店开药。调研数据表明，冒用医保卡这一失信行为在医疗市场普遍存在且长期缺乏有效治理，已经形成了一定的行为惯性。一些民众甚至基于"法不责

---

[1] 龙泉一病号冒用女儿医保卡 女儿和医生分别被处罚500元和300元[EB/OL]. http://epaper.lsnews.com.cn/czwb/html/2012-05/12/content_421746.htm.

[2] 冒用他人医保卡住院就医套现 六安中医院三名职工被查处[EB/OL]. http://ah.ifeng.com/city/luan/detail_2015_07/16/4117382_0.shtml.

[3] 东南妇幼医院放任冒用医保卡 被暂停服务一个月[EB/OL]. http://news.xinmin.cn/shehui/2015/09/18/28608346.html.

众"的想法来看待冒用医保卡，认为这种行为并无大碍，进一步加剧了这种行为的传播，已经变成社会医疗保险失信行为中根深蒂固的道德风险问题。

3.2.1.2 伪造病历等相关文件骗取医疗保险基金

部分患者为了最大化个人利益，选择通过伪造病历、处方、检查化验报告单、疾病诊断证明等医疗文书骗取医疗保险基金。2011年至2013年初，只有初中文化的男子李丰通过借用他人的新农合医疗卡和身份证，伪造住院病历和医疗费发票等方式，进行诈骗新农合基金，前后作案33起，涉案金额200多万元。法院一审判决，李丰犯诈骗罪，判处无期徒刑，剥夺政治权利终身，并处没收个人全部财产；任瑞犯诈骗罪，判处有期徒刑六年，并处罚金人民币5万元；其同伙胡博和乔伊也因为犯伪造、买卖国家机关证件、印章罪和出售非法制造的发票罪，分别被判处了有期徒刑[1]。据中新网2014年8月28日报道，广东阳春一名57岁小学文化的老人，在短短一年时间里，借用他人身份证、医保卡，伪造住院病历和医疗发票，竟然骗取医保费119万余元。广东阳春市法院28日对外通报，57岁老人杨壮因犯诈骗罪被判处有期徒刑12年，所得款项予以追缴，并处罚金10万元[2]。据法制网2015年9月17日报道，身为医生的林某，明知交通肇事受伤治疗无法用于医保报销，却修改出院诊断记录，再以假记录骗取医疗报销款。近日，经检察院起诉诉缙云法院以诈骗罪判处林某拘役六个月，罚金35000元[3]。这一类行为严重损害社会医疗保险基金的资金安全，实属保险欺诈的违法行为，在依法对嫌疑人进行严惩的同时，应当尽可能优化社会医疗保险制度设计以规避该类风险。

3.2.1.3 医保个人账户基金、统筹基金套现行为

医保个人账户内的资金虽然是由公民个人缴纳，但其性质为专款专用，用于应对公民可能面临的疾病风险。由于个人账户内的结余较多，一些参保人员想方设法进行套现，并由此催生出各类不诚信甚至违法行为。2012年，中广网记者根据广告上提供的号码联系上了药贩子，表明自己有一张5000

---

[1] 男子伪造假病历、发票 两年诈骗新农合基金200多万[EB/OL]. http://www.chinanews.com/fz/2014/08-19/6508201.shtml.

[2] 伪造病历及医疗发票 57岁老人诈骗医保过百万[EB/OL]. http://www.chinanews.com/fz/2014/08-28/6541268.shtml.

[3] 浙江一医生伪造病历骗取医保获刑[EB/OL]. http://www.legaldaily.com.cn/Court/content/2015-09/17/content_6274510.htm?node=53969.

元左右的医保卡,想刷卡套现,结果仅用了5分钟就拿到了现金。而随后记者采访了贵州省社会保险事业局工作人员,竟被回答"医保卡套现,怎么会有这种说法呢,没有的"。[1]2014年,沈阳晚报、沈阳网记者暗访发现,通过中间人,市民在药店刷卡后就可以拿到现金,而打印出的收费明细单上有"安宫牛黄丸"字样。据市民反映,有些地点长期存在一些社会人员,通过牵线搭桥等方式为想要进行套现的参保人员提供服务,与药店一起从中渔利。当记者向沈阳市社保局医疗监察处致电举报时,却被告知虽然医保卡套现肯定属于违规,但医保部门与药店都签有"协议管理","只能对实名举报者反馈",不能向记者"公开"处罚详情。[2]可见,医保套现行为十分普遍,现有的监管措施亦存在许多问题。

除套取个人账户资金外,一些不法分析还将目标瞄向了医保基金,甚至存在个别医师配合药贩子利用医保卡套现、倒药等行为,严重威胁到医保基金安全,并对医疗市场造成严重影响。笔者于2015年8月调研期间了解到,个别医师为了利益,私下与药贩子、卡贩子相互勾结,由卡贩子四处收购医保卡,集中交给医师用于开药从而大肆套取医保基金,使医保基金的资金安全遭受损失。而在造成医疗保险基金的严重损失的同时,这些药品通过药贩子建立的非法渠道流入药品市场,这些低价销售的非法药品对药品市场的正常运营造成严重影响。其中一些药物由于在非法交易过程中,不法分子常常无法按照相应药品的特性来正确地进行操作,使得药品在运输、储存、销售过程中处于不规范的保管状态,因而无法保障药品的药效,最终导致购买这些药品的患者需要冒极大的健康风险。据吉林市医保局赵书记介绍,2013年吉林省吉林市医保局与市刑侦支队曾开展一次联合行动,抓获8名涉嫌违法收购、倒卖药品人员,挖出了窝藏非法收购药品的4个仓库,共收缴近170个品种的药品,总价值达128万多元,所抓获的嫌疑人多数已获刑。

可见,这种医保套现行为不仅威胁着社会医疗保险制度的稳定和医保基金的安全,还对公众健康造成严重隐患,且扰乱了医药市场的正常运转,危害极大。由于缺乏相应的制约机制,医保套现行为成为难以有效抑制的广泛

---

[1] 贵阳药贩子称能医保卡"套现" 记者亲历5分钟返现[EB/OL]. http://china.cnr.cn/ygxw/201202/t20120218_509178605.shtml.

[2] 药店操作医保卡"套现" 刷卡1000元返800元[EB/OL]. http://www.chinanews.com/jk/2014-09-11/6580304.shtml.

存在的失信行为，破坏了社会医疗保险的大数法则理念，而涉嫌违法的医保套现案件由过去的"小打小闹"发展成动辄几万元甚至数百万元的规模，由民众个人不诚信行为逐渐演变成团伙作案。

3.2.1.4 使用医保基金支付医疗材料或生活用品

我国现行的医疗保险制度旨在为民众提供基本医疗保障，而医保卡作为民众享受医保待遇的重要载体，可谓是老百姓的"救命卡"。但在实际医疗服务市场中，医保卡在某种程度上俨然已经成了"购物卡"，使用医保卡购买生活用品的行为在全国各地屡见不鲜。更为严重的是，一些不规范运营的医疗服务供给机构对此类违规使用医保卡的行为视而不见，甚至纵容、参与其中，以谋取不当、不法利益。2015年吉林省诚信体系建设研究调研数据显示，有21.8%的受访民众表示自己曾经使用医保卡购买非医疗用品。少数人还用医保卡购买紧俏药品，经过不法分子流入黑市，给国家药品安全和医疗体系构成了威胁，部分案例中甚至存在医师等医疗机构人员配合不法分子进行"倒药"的情况。使用医保卡购买非医用品在表面上虽然看似危害有限，但由于操作简单，因而极易被他人效仿，聚少成多从而导致专款专用的医疗保险资金大量流失，破坏了大数法则，有违制度建立的初衷，其危害不可小觑。

3.2.1.5 医患纠纷事件频发，严重损害医疗市场的和谐稳定运行

在医患纠纷方面，中国社会科学院发布的《中国医药卫生体制改革报告》显示，2002年到2012年，全国医疗纠纷案件在10年间增长了10倍，医院级别越高，发生的医疗纠纷就越多。[1]中华医院管理协会表示，自2002年以来，中国医患纠纷平均每年上升23%。[2]据有关部门统计，2013年全国发生医患纠纷事件约7万起，2014年约11.5万起，2015年约10.8万起，2016年约10.07万起。频频发生的医患纠纷事件和医闹事件背后有着多种多样的原因，其中有些是由于患者对医疗供给机构不满，如患者质疑医院存在不明或错误计费、患者质疑医保报销存在问题、患者因治疗效果欠佳而直接对医生问责等，有些是源于医疗供给机构出现失误使患者感到权益受到侵害，如医

---

[1] 医改新观察：全国医疗纠纷案件10年间增长10倍[EB/OL]. http://www.rmzxb.com.cn/c/2015-02-16/449021.shtml.

[2] 英媒:中国医患纠纷每年升23%　需建高质医疗体系[EB/OL]. http://finance.sina.com.cn/chanjing/cyxw/20141102/160220709781.shtml.

院操作不当、医疗事故等。

医患纠纷事件频发问题体现了我国医疗供给体系中存在诸多问题。第一，部分民众法律意识、规则意识淡薄，更有少数缺乏诚信的患者和职业"医闹"企图通过医患纠纷谋取不当利益。当权益遭受损害时，部分缺乏法律意识、规则意识的患者的第一反应是直接找到医院当事医生或医院主管部门进行问责，无视正规的申诉流程，并在此过程中不同程度地对医院的正常工作造成影响，除此之外更有少数缺乏诚信的患者和职业"医闹"人员妄图通过将事态闹大迫使医院为尽快恢复正常运营而对其妥协，藉此来谋取不当利益。第二，医患纠纷事件频发体现了我国医疗供给体系结构中缺乏有效的申诉、调解机制，当前低效率的纠纷申诉、调解机制让部分患者感到无奈，不如直接通过医闹来快速达到维护自身利益的目的。第三，当前的申诉、调解机制形式不一，执行力度不足，缺乏统一的标准化机制，使得民众难以培养起良好的规则意识、程序意识。最后，失信成本过低是医患纠纷事件频发的关键因素，由于缺乏惩戒机制，使得恶意医闹往往无法得到有效的惩治，更有被效仿的风险。

3.2.2 医院、药店等医疗服务供给机构的失信行为

医疗服务供给方主要包括医院、医生、药店等医疗卫生服务供给单位或个人。由于医药行业具有极高的专业性，从而放大了信息不对称的影响，使得医疗服务供给方失信行为的目的更为容易达到。

在医疗体制改革过程中，医院的公益性逐步丧失，绝大部分公立医院所享受到的财政拨款均难以负担医院开支，使得医院只能自负盈亏，造成一些医院和医师为追求利益对患者进行过度检查和过度医疗。更有甚者为提高利润，使用低成本药剂、医疗材料并以极高的价格对患者出售，还有个别医师参与医保套现，为个别民众、亲友，甚至不法分子套取医保基金提供方便。

医院失信行为表现主要包括三个方面：一是医疗质量失信，包括诊断失误、治疗方案错误、放弃放松对医患过度使用医疗资源的监管、推卸医疗事故责任等；二是医疗服务失信，包括服务态度差、固守传统服务模式使服务不到位、未能营造良好的就医环境等；三是医疗费用确定和收取不当导致失信，包括医院售药提价过高、结算收费异常等。

医生失信行为表现主要包括过度检查、过度医疗、通过夸大病情引诱患

者消费更多的医疗资源、篡改病历、索要红包等。

  药店失信行为表现主要包括默许顾客使用他人医保卡、默许顾客使用医保卡刷卡购买生活用品、采用积分等方式变相引诱消费者使用医保卡购买超过实际需求的药品等。

  除上述失信行为外，笔者在2015年吉林省社会保障诚信体系建设研究调研过程中了解到，甚至还存在两定单位对非医保项目申报医保报销，从而达到获取医保资金的目的。此类失信行为具有显著区别于医疗需求方道德风险的特性，往往其涉案金额巨大或对公众健康、利益带来极大损失，常利用医药行业高度专业性的信息壁垒提高其失信行为的隐蔽性，对社会医疗保险基金安全造成极为严重的威胁。

3.2.3　医疗服务供需多方合谋失信行为表现

  除上述失信乱象外，当前医疗服务市场中还存在医院、医生、药商、患者等多方合谋谋取不当利益的失信行为。医务人员和患者为了追求各自的利益，会联合起来将其谋利目标瞄向社会医疗保险基金。医方希望患者消费更多的医疗资源来提高医院的经济效益，患者希望获得更多的医疗产品和服务以获取更多收益，从而为医患合谋提供了动机基础。门诊病人不当转入住院、自费药品不当变为公费药品、小病大养等问题频繁出现且愈演愈烈，在一些医院经常出现的"挂床"现象即为医患双方合谋谋取不当利益的典型表现形式。此外，医生开大处方等行为则属于医方与药方共谋的典型表现，并藉此从患者、医保等主体处攫取更多的利益。而一些药店则与顾客合谋采用多种方式套取医保卡中的结余资金，并通过从中分红获取利益，是药店与医疗服务需求方合谋的典型表现。

3.3　社会医疗保险管理机构失信表现

  社会医疗保险制度在制度实践层面需要相关部门对医保相关医疗服务市场进行有效监管。在我国，社会医疗保险经办机构等部门是履行监督和管办职能的主体，其在监管过程中能否尽心尽责、自律自省是规避医保管办部门道德风险的关键。在医保体系中，社会医疗保险基金极易成为市场参与者谋取不当利益的首要目标。诸如参保单位逃缴保费、过度消耗医疗资源、医保套现等现象时有发生，在防控机制匮乏的情况下，无论是医疗保险经办机构、医疗服务机构（医院）、参保患者，还是药品生产企业，四方中的任何两方或多方都有可能形成利益共同体，挪用或套取医保基金、浪费医保资源。建立医保基金是为了分散疾病风险而进行的收入再分配，是由国家、公民和社会组织缔结的一种互助的建立在诚信基础上的社会契约，但如若缺乏对各方在医保基金使用过程的监督，势必出现滥用医保基金、浪费医保资源的后果。所以，医保经办机构一旦失信，缺乏对医院、医生、医药企业和患者的有效监督，后果将更加严重。

我国覆盖全民的医保制度已经基本建立起来，医保经办机构的管办效率对医保市场秩序的影响极大。但碍于单位性质等因素，目前医保经办机构基本上仅承担着消极支付医保费用的职能，未能对医保领域道德风险问题进行有效的遏制。我国医保领域的失信乱象的监管责任当前主要由医保经办机构负责，但医保经办机构是否适合承担这项重任，以及如何承担均是有待研究的问题。仅就目前而言，医保经办机构首先应做到充分自律，规避自身在医保制度实践中的道德风险。

3.3.1 不当使用、挪用医保基金

最近几年，我国医保基金每年都有结余，2014年全国医保基金结余6732亿元。巨额结余极大地增加了医保基金被挪用的可能性。最近几年各地挪用医保基金问题比较普遍，严重影响了医保基金的保值增值，威胁医保制度安全。随着人口老龄化的急剧发展和人口平均预期寿命的延长，医保基金入不敷出问题必将出现，必须从现在起，严格控制挪用医保基金问题再度出现，以应对人口老龄化和不能按期就业人员的增加所形成的对医保制度安全运行的挑战。

3.3.2 不当转嫁医保负担，违背医保基金运营基本原则

最近国内相关部门领导为了保证医保基金收支平衡，不适当地提出退休人员也要缴纳医保基金的意见，个别地方也开始试行退休人员缴纳一定比例的医保基金的做法。这一事件从表面上看是基金问题，但从实质上看，是坚持公平理念在医保中的地位问题。我国在进行医保制度改革之初就明确提出要建立公平合理、可持续的医保制度，明确规定退休人员不缴纳医保费用，

是纯粹的医保享受人口。《社会保险法》第27条明确作出规定：凡达到法定退休年龄缴费年限累计达到国家规定标准的人员，退休后不再缴纳基本医疗保险费。如果坚持让退休人员也缴纳医保基金，既违背了社会保险法，又有失社会公平。不能因为发现医保基金不足就向医保对象征缴，应该积极想办法从国家财政收入总额中拿出一部分补充缺额，以兑现承诺。只有坚持既定原则，才能取信于民，维护医保制度安全运行。如果实行职工退休人员也要缴费医保费用的政策，失信于民，后果将会很严重。

3.3.3 对医疗服务供需双方违规使用医疗资源监管失位

在市场经济条件下，医疗卫生服务市场的稳定运行离不开有效的监督与管理，保护和合理使用有限的医疗资源，更需要加强监督。医保管办机构对医院和医生负有监督责任，这是维持医保领域诚信、保持医保制度安全运行的必要条件。但是，在多种因素的影响下，医保管办机构在实际工作中常出现履行监督职责不到位、维护社会公平意识不强等问题，导致各地医疗服务市场存在程度不一的监管缺失。医院、医生以及患者之所以能够滥用医疗资源，其中的一个重要原因，是医保管办机构缺乏监督。在人们集中追求经济利益的条件下，离开了监督，必然产生失信行为。

3.3.4 管理制度漏洞亟待填补

医保经办机构的失信也体现在自身管理和制度的漏洞方面。无数经验教训证明，制度漏洞造成的医保基金流失与结余过度、管理不善导致的经办机构工作人员专业水准和综合素质难以适应业务需要等，都是医保机构失信的后果。目前，我国医保基金既有流失，又有结余过度，既存在医保标准过低无法满足公众需要的问题，又存在因待遇过低而使大量基金结余的情况发生。据统计，2014年我国全年城镇基本医疗保险基金总收入9 687亿元，比上年增长17.4%；总支出8 134亿元，比上年增长19.6%；结余1 553亿元，结余率为16.0%。按照国际经验，只要医保基金能够保持10%的结余率，就能够保证应对来年突发更大风险的资金需求。由于我国医保基金结余率过高，在医保对象待遇水平较低无法满足需求的情况下，无疑会出现医保基金投入不到位、行政部门挪用医保基金的问题，加重医保基金贬值风险。

在一些富裕地区、人口年龄较轻地区医保基金大量结余的情况下，另外一些地区比如老工业基地，由于历史包袱沉重，医保基金经常出现入不敷出的问题，以2013年为例，全国有225个统筹地区的城镇职工医保资金收不抵支，占全国城镇职工医保基金统筹地区的32%，基金缺口极为严重，甚至极个别地区用光了多年积累的医保基金。这种一部分地区大量结余，而另外一部分地区却让退休人员缴纳医保基金的情况发生，显然有失社会公平。

3.3.5 执法严格程度有待加强

我国现有的医疗保险法律法规，无论是对医院还是医生，都有不可抗拒的约束力。在贯彻执行医保领域的法律法规方面，医保管办部门应该发挥主导作用，不能依赖法律法规约束对象的自律自省。以个体私营药企制假、售假为例，我国《产品质量法》明文规定：生产和销售不符合保障人体健康和人身、财产安全，达不到国家标准的产品、不符合行业标准的产品，应该责令其停止生产、销售，没收其违法生产、销售的产品，并处以与货值金额等值（包括已经售出和未售出的产品）以上三倍以下罚款，没收违法所得，情节严重的吊销营业执照，构成犯罪的依法追究刑事责任。但是，迄今为止，由于执法不严，惩罚不力，仍有少数民营药企对相关法律法规置若罔闻，为获取更大利润制假售假，却没有受到应有惩罚。此外，国有药企亦存在恶意欠债、逃债等问题，这些都与执法不严、有法不依等有一定关系，当前医保管办部门对个别医院和医生"巧取豪夺"医保资源等行为的打击力度有限、制裁不到位，客观上纵容了不讲诚信的企业。

相较于养老、工伤、失业、生育等保险，医疗保险是与百姓生活关系最为密切的险种，因此医保失信行为一旦出现，极易通过各类信息渠道被传播和推广，造成大范围的损失。在当前医保诚信问题频发的现状下，解决社会医疗保险诚信问题具有高度的重要性和紧迫性。

参与主体较多、与生活关系密切等因素的存在使得社会医疗保险领域所存在的诚信问题总体上较其他社会保障内容更为突出，具有很高的研究价值和很强的代表性，是我们研究社会保障诚信体系的理想切入点。通过梳理我国社会保险制度以及其中社会医疗保险制度领域的大量失信行为的实然现状，可以看出道德风险问题对我国社会医疗保险制度以及其他社保制度体系组成部分均造成了极大威胁。尽管在非对称信息状态下，道德风险问题被认为无法彻底规避，但是一个不能有效限制道德风险问题的制度体系显然会在大量不诚信行为甚至违法行为的不断蚕食下难以保持其制度根基的稳定。从调研数据不难看出，当前社会医疗保险领域中存在的多种不诚信行为已经令医疗卫生市场的正常运营遭受到很大影响，更使民众对制度的未来感到担忧，而民众的信心与信任无疑是制度稳定存续的关键因素之一。因此，我们需要严肃地对待社会医疗保险中存在的大量不诚信行为和违规、违法行为，积极寻求适用于我国国情的道德风险防控长效机制。若要达成这些目标，显然需要首先明晰在道德风险影响下医保领域失信乱象频发的根源之所在。

第4章　道德风险：导致医保失信乱象频发的根本原因

当前我国社会医疗保险领域存在较为严重的失信乱象，其不仅种类繁多，且数量庞大，对医保制度的健康稳定运行造成很大威胁。从制度顶层设计层面看，社会医疗保险的制度设计应充分考虑其在运行过程中对社会信任的影响，失去民众的信任对于社会保障制度而言无疑是十分致命的。从实践层面看，我国社会医疗保险涉及数量众多的参与主体，这些主体在医保市场中形成错综复杂的交易、管理等关系，其失信动机是导致道德风险问题发生的关键因素，值得深入分析。除信息不对称被公认为是导致道德风险的根本原因外，我国社会传统文化、医疗服务行业的特殊性等因素均是影响医保诚信水平的重要因素。本章基于吉林省社会保障诚信体系建设调研资料及数据，对我国社会医疗保险道德风险问题及其所导致的各类失信现象进行分析，并认为导致医保失信乱象频发的根本原因是各类相关因素引发的道德风险。

4.1　医保失信乱象实为各类因素引发道德风险的具体表现

4.1.1　医保制度层面存在缺陷与漏洞，加剧道德风险威胁

优化与完善社会医疗保险制度的重要性不言而喻，但当前我国社会医疗保险制度乃至社会保险制度体系尚存在制度缺陷和机制缺失等问题，仍待解决。另一方面，社会信任水平直接影响着民众对制度政策的支持程度和参与程度，即便是强制参加的社会保险，如若其社会信任水平低下，将面临民众

为确保自身利益而增加失信行为，通过多种方式"挖制度的墙角"，使道德风险隐患演变为风险事故发生，从而造成实际损失。

医疗保险制度是指对法定范围内的劳动者在患病或非因工伤伤害时提供保障的社会保险项目。它既包括医疗费用的给付，也包括各种医疗服务。[1]社会医疗保险涉及政府、用人单位、医疗机构、社会保险机构、医药机构和患者个人等多方之间复杂的权利义务关系，要处理好如此复杂的关系，必然需要兼顾各方主体的权益并对各利益主体形成一种制衡机制。[2]可见，不论是医保资金的筹集、分配、管理还是各方主体的行为都需要在某种准则的指导下进行。然而，现有的医保制度管制模式常常无法对医保领域存在的某些不当行为进行有效监管，因为除了参与主体众多这一因素外，医疗服务消费的不确定性、医患双方存在的信息不对称、医疗保险待遇给付模式等诸多因素均大大提升了社会医疗保险管理的难度。总的来看，制度层面存在的制度缺陷与漏洞、相关管控机制缺失等因素，将导致民众对制度的信任度下降、践行诚信动机不足、失信成本过低等后果。与此同时，在医疗服务市场中，经济人追求自身效用最大化的利益诉求与其他经济市场别无二致，因而部分行为主体在逐利欲望的驱使下将会通过失信来获取更多的效用，如图4.1所示。上述制度层面因素导致失信的分析，能够在实地调研所获数据中得以体现。

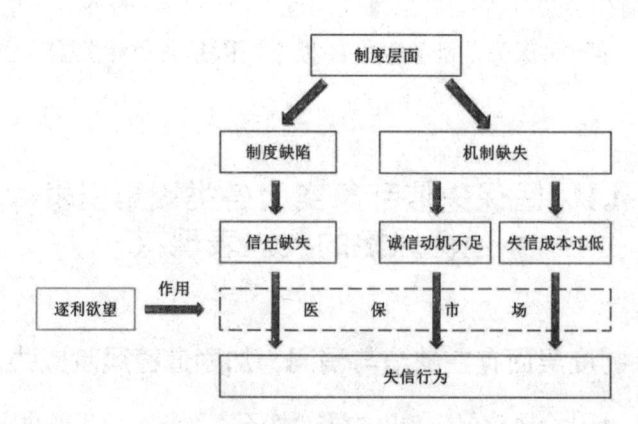

图4.1 制度层面因素导致失信的分析

---

[1] 郑功成. 社会保障学[M]. 北京: 中国劳动社会保障出版社, 2005:162.

[2] 郑功成. 社会保障学[M]. 北京: 中国劳动社会保障出版社, 2005:316.

吉林省社会保障诚信体系建设调研数据显示，当前我国社会保险基金在收缴、支出、管理和运营等诸多方面存在信息公开程度不足的问题，有三分之二的受访民众认为其公开程度有待进一步提高（如表4.1）。社会保险制度层面的运行状况是否公开透明无疑是该制度取信于民的重要影响因素，而调研数据说明我国政府机构在行政管理过程中的政务公开程度有待进一步加强。

表4.1　当前社保基金收缴、支出、管理、运营的公开程度如何

		受访人数/人	百分比/%	有效的百分比/%	累积百分比/%
有效	彻底公开	585	31.6	33.1	33.1
	部分公开	600	32.4	34.0	67.1
	不公开	580	31.3	32.9	100.0
	总计	1 765	95.3	100.0	
遗漏	系统	87	4.7		
总计		1 852	100.0		

数据来源：吉林省社会保障诚信体系建设研究调研

理顺申诉渠道是促进诚信体系建设的重要环节。但是当前的社会保险制度设计并不能有效地为民众提供申诉渠道或协调机制，成为引发道德风险的重要因素，其相关机制的设计与构建有待加强。调研数据显示，在遇到社会保险机构侵害个人社会保障权益时，合计约有65.7%的受访民众能够通过正当途径来维护自己的合法权益，但仍有三分之一的民众无法采取正当方式谋求维护自己的合法权益，这显然成为医患纠纷等医保失信行为直接动因（如表4.2所示）。本次调研过程主要集中于城市医疗机构内部及其附近区域，受访人群中有超过90%具备中学以上学历，考虑到我国教育资源和宣传资源在城乡之间以及东、中、西部等不同地区分布不均衡，如果以全国为考查范围，申诉机制的实际运行情况必将更加令人担忧。

表4.2　如果社保机构侵害您个人的社会保障权益，您会采取什么态度

		受访人数/人	百分比/%	有效的百分比/%	累积百分比/%
有效	自认倒霉	120	6.5	6.7	6.7
	不知该怎么办	281	15.2	15.7	22.4
	找相关机构协调	593	32.0	33.2	55.6
	上街游行请愿	65	3.5	3.6	59.2
	向有关部门投诉	584	31.5	32.6	91.8
	其他	146	7.9	8.2	100.0
	总计	1 789	96.6	100.0	
遗漏	系统	63	3.4		
	总计	1 852	100.0		

数据来源：吉林省社会保障诚信体系建设研究调研

受访者对当前社会医疗保险制度的信任程度同样令人担忧。调研数据显示，受访民众中表示对我国社会医疗保险制度抱有充分信任的比例为62.4%（如表4.3所示），认为医保制度对提高公众健康水平起到积极作用的受访者约为43.1%（如表4.4所示）。这些数据说明我国社会医疗保险制度并未受到民众的充分信任，而造成这种问题的原因在于我国医保制度存在不同程度的不平等，现行医保政策因参保对象的身份不同、参保地域不同而在待遇上存在差异。如尽管我国近年来在医改中已经将公务员群体纳入医保范围，但在短期内由于社会保障制度的刚性作用，仍无法完全使社会医疗保险制度服务均等化。而随着我国市场经济的不断发展，人口流动性不断加大，异地就医的需求愈加强烈，现有医保制度中各省的保障范围、标准、药品目录等方面存在诸多差异，这无疑导致了民众的不满。

第4章 道德风险：导致医保失信乱象频发的根本原因

表4.3 是否信任社会医疗保险制度

		受访人数/人	百分比/%	有效的百分比/%	累积百分比/%
有效	总是信任	1016	54.9	62.4	62.4
	半信半疑	255	13.8	15.7	78.1
	有时信任	125	6.7	7.7	85.8
	不信任	67	3.6	4.1	89.9
	说不清	165	8.9	10.1	100.0
	总计	1 628	87.9	100.0	
遗漏	系统	224	12.1		
统计		1 852	100.0		

数据来源：吉林省社会保障诚信体系建设研究调研

表4.4 您认为当下医疗保险制度改革对提高公众健康水平有何作用

		受访人数/人	百分比/%	有效的百分比/%	累积百分比/%
有效	提高了公众的健康水平	769	41.5	43.1	43.1
	没有什么影响	184	9.9	10.3	53.4
	造成看病难、看病贵	401	21.7	22.5	75.9
	降低了公众健康水平	35	1.9	2.0	77.9
	不知道	395	21.3	22.1	100.0
	总计	1 784	96.3	100.0	
遗漏	系统	68	3.7		
总计		1 852	100.0		

数据来源：吉林省社会保障诚信体系建设研究调研

而在调研数据未能涉猎的方面中仍然存在其他导致民众在制度层面无法充分信任社会医疗保险制度的问题。以我国医保药品目录作为典型例子，我国医保药品目录存在更新周期过长、城镇居民医保及新农合药品目录不统一等多种问题，难以取信于民。2016年9月，人力资源社会保障部公布了《2016年国家基本医疗保险、工伤保险和生育保险药品目录调整工作方案（征求意见稿）》，而这次调整竟然与上次医保目录调整（2009年）相隔了7年之久。在科技进步日新月异的今天，7年时间足以使人们的日常生活发生巨大变化。我国社会医疗保险药品目录调整的速率完全与医学、药学进步相脱节，而市场化运营的医药厂商往往紧跟医药研究领域的进展不断推陈出新，从而使得百姓在就医期间面临着需要使用疗效更好的新药，却由此处于无法报销的尴尬窘境。许多百姓在调研期间就此问题质疑参加社会医疗保险制度的意义究竟何在，实令笔者汗颜。

除上述因素外，通过调研期间与医保经办机构进行座谈交流，笔者还发现当前我国社会医疗保险制度在制度建设中存在许多不利于医保制度发展的问题。

第一，我国社会医疗保险诚信缺失问题在概念、立法、行政管理等诸多方面存在各类影响因素，使医保的制度信任水平受到直接或间接影响。在概念方面，现代社会保险制度理论指出社会保险应具有非营利性、公益性、福利性等区别于商业保险的自由特性，而当前社会保险管理机构却常常收到政府出台下发的某些要求"微利性"行政文件，诚然运作社会保险基金并将利润用于维持社保体系运行或反哺社保基金本身的做法在实操层面可以理解，但实操层面的行政要求却由此与制度理念形成矛盾，这类问题直接触及社会保险最根本的理论根基层面，不容忽视。在立法方面，尽管我国在社会保险制度体系设计与建设过程中出台大量相关法律法规，但许多法律存在可操作性较低的问题，如《社会保险法》等高度抽象概括性的法律法规常常因缺乏适用的司法解释，使得相关法律条文在处理实际问题时难以直接适用，例如《社会保险法中》对欠费停保、欠费不予支付等问题未给出明确处置办法，使失信行为难以得到有效管制，造成失信成本过低的问题。而在行政管理方面，当前我国基层医保经办机构属于事业单位，但历经多轮医改后往往在行政管理过程中需要覆行许多政府职能，从行政执法角度看，缺乏相应的管办权力常常使得师出无名的医保经办机构在面对社会医疗保险领域的失信行为时难以有效处理，是导致存在于法律制度与道德之间灰色地带的医保失信行为无法得到有效监管的重要原因之一。

第二，地方医保经办机构缺乏足够的专业技术人才。我国社会医疗保险制度的建设与发展仍处于探索之中，各地医疗保险经办机构普遍存在编制不到位、人员不足等现象。人才缺失的现象一方面体现在医保经办机构存在现有人员结构老化等问题，难以适应新时期信息化、高效率的管理要求，笔者在吉林省社会保障诚信体系建设研究调研过程中还了解到某些地方医保经办机构的内部成员竟然没有人会操作医保管理过程所需要使用的电脑软件，在其工作中还需要从外部聘请社会人员进行帮助，不仅增加了机构运行的成本，还存在外部非专业社会人员由于不了解医保管理而造成失误的风险。另一方面，由于某些原因，一部分我国大学社会保障专业的毕业生没能进入医保相关管办机构的招聘范围，在一些国家级、省级等公务员、事业单位招聘专业要求中甚至见不到社会保障专业的字样，不仅使国家培养社会保障专业所投入的资源白白浪费，更使得我国医保经办机构中严重缺乏掌握社会保障理论的专业工作人员。这种专业技术人才缺失的现象造成"医保经办机构的内部机构设置不完善，无法按照不相容职务相分离的原则和要求，合理设计各个工作岗位，明确职责权限，形成相互制衡机制"[1]，致使失信难以避免。以医保制度建设中最为重要的基金监管为例，医保基金监管过程中骗取、浪费现象极为严重，违规主体及违规手段极为复杂多变，要求监管人员必须具备能够进行有效监管的专业素质，但是当下我国医保基金监管队伍监管能力十分薄弱。执行医保基金监管任务需要具有医学、法律、会计、审计等多方面的知识，但许多地市级以下的医保经办机构人员所受到的专业训练，大都与工作所需专业不对口，知识视野不够开阔，而且工作量大，人员编制不足，进行基层监督检查的压力不断加大，难以避免监管不到位、不准确等问题。在市场经济条件下，一些人利益至上，过分"向钱看"，骗取医保基金、浪费医保资源的现象屡见不鲜，监管人员必须具有合适的专业素质和足够的队伍规模，才能对各种违法违规问题进行有效监管。比如要核查处方、治疗方案的科学合理性，就要求监管人员一定要具备必要的医学知识；要监管药品、药价的合理程度，要求监管人员一定要有管理学和社会学方面的知识，学会深入实际调查研究，否则，就会使监管人员陷入盲目、麻木状态，对该监管的问题视而不见、听而不闻。所以进行有效监管，要求监管人

---

[1] 罗倩. 对健全医保经办机构内部控制制度的思考[J]. 内江科技，2007(01).

员队伍要够规模、人员素质及专业知识要适应监管需要。

第三，社会医疗保险的第三方付费制度设计仍需进一步优化。向患者提供合理有效的医疗服务，保护患者的健康权益，是我国医疗保险实行以公立医院为主体的定点医疗机构制度的根本出发点和落脚点。但由于我国的医疗保险第三方付费机制还存在很多漏洞，为追求利润最大化的医院和渴望得到更完善医疗服务的患者等主体通过钻政策空子套取医保基金提供了机会。实行医疗费用由医保公司（第三方）支付的制度，这本是我国多年摸索出来的一条行之有效的制度规定，但由于医疗费用不是由参保人而是由医疗保险机构事后直接支付，既模糊了参保人的费用承担意识，似乎花多少钱与己无关，也阻碍了对医方进行监督检查，由此形成医保过度失信的制度性因素。据我们调查了解，这种事后支付制度至少能产生三种效应：

一是产生"免费效应"，损害参保者和医保部门的责任意识。由于在这种制度下患者不用直接支付医疗费用，第三方付费对医保对象过早、过度使用医疗资源的"鼓励"作用更为凸显，浪费医疗资源在所难免。同时作为医保供方的医院，也因不受消费者支付能力约束，为了医院和医生的利益而过度使用医疗资源。本来，我国当下实行医保基金社会统筹与个人账户相结合的筹资模式，在个人账户基金全部用完的情况下，医保对象缴费金额要达到个人年基本工资总额5%的起付线，才可以继续使用医保统筹基金，但由于这一阶段实行自负累退制，患者的费用随着自负率的上升而不断下降，由此形成强烈的过度消费行为：患者一方面要尽快用完个人账户的存储额，另一方面则要使用"借用"他人医保卡等非法手段，尽力"侵占"统筹基金，因此难免形成医保基金收不抵支的亏损局面。

二是第三方委托代理责任模糊，造成违规使用医疗资源。委托—代理关系是一种契约关系，其存在的条件是共同遵守相关约定。但如果代理人追求自身利益最大化，就不一定为委托人的利益服务，甚至会为谋求私利而牺牲委托人的利益。尽管委托人通过对代理人进行适当的激励，以及通过承担监督费用等措施来约束代理人的不轨行为，但要求代理人矢志不渝地按照与委托方达成的"契约"要求行事，其可能性很小，因为一方面是由于代理人和委托人利益的不一致性，不可能做到完全激励。另一方面则是由于委托人监督成本过高，超过监督收益，在监督成本的界限不可能完善的情况下，很难规范代理人的行为，也无从验证"医患共谋"存在与否的真实性，使委托方无论是对医生的诱导需求，还是对患者的过度消费，都很难进行有效制约。

三是容易形成相关方利益共同体套取医保基金。在实行第三方付费制度过程中，受利益驱动影响，医疗保险经办机构、医疗服务机构、医保参保者三方中的任何两方，都有可能形成利益共同体套取医保基金，对抗付费方，尤其是在医保缺乏外部监管的条件下，发生医保诚信危机不可避免。医保的实质，是国家与公民以及社会组织之间缔结的社会互助的制度化契约，其存在的基础是诚信，医保失信势必削弱以致毁灭这种"契约"的基础。

可见，无论以民众对制度的信任水平为视角，还是从社会保险管办机构的角度审视现行社会保险制度体系，均存在诸多因素对社会医疗保险制度的社会信任水平产生程度不一的负面作用。这些问题的存在凸显了我国社会医疗保险制度以及社会保险制度体系的总体规划仍然存在继续优化的空间，社会医疗保险制度的社会信任水平问题关系着制度赖以生存的民众基础的稳固性，不容忽视。

4.1.2 医保运行层面欠缺激励与约束，匮乏道德风险防控机制

与一般社会保险项目相比，社会医疗保险制度采取特有的第三方支付制度，并由于参与主体众多，社会医疗保险制度运行中各方关系形成错综复杂的交易网络，这无疑加大了微观层面对道德风险问题的治理难度。通过对吉林省诚信体系建设研究调研所得数据中选取的部分条目进行相关性分析，可对当前医保领域的诚信问题加深理解。将相关条目根据数据类型分别进行皮尔逊卡方检验和回归分析后，可以看出社会医疗保险制度的参与各方其失信行为往往与性别无关，但普遍与收入、职业、文化、地域等因素相关度较高或很高（如表4.5所示）；另外回归分析的结果表明年龄因素对医保参与主体失信的影响同样较为普遍（如表4.6所示）。这样的分析结果，一方面表明我国社会医疗保险领域失信行为具有高度的普遍性，与当前我国医保领域失信实行频发的实然现状相印证，另一方面提醒医保道德风险防控研究工作应当更为深入的挖掘失信行为主体的失信动机。

表4.5　医保参与主体失信行为影响因素的Pearson卡方检验

主体		失信行为	Pearson卡方检验	影响因素				
				性别	收入	职业	文化	地域
医疗服务供给方	医院医生	暗示患者送红包	sig	0.039	0.257	0.015	0.005	0.006
			F	0.056	0.055	0.113	0.096	0.095
			V	0.056	0.055	0.113	0.096	0.095
		夸大病情	sig	0.615	0.980	0.000	0.001	0.024
			F	0.014	0.012	0.141	0.106	0.083
			V	0.014	0.012	0.141	0.106	0.083
		重复开药	sig	0.650	0.032	0.193	0.000	0.373
			F	-0.012	0.081	0.085	0.153	0.048
			V	0.012	0.081	0.085	0.153	0.048
		药品、医材价格虚高	sig	0.241	0.064	0.000	0.002	0.002
			F	0.032	0.073	0.140	0.104	0.105
			V	0.032	0.073	0.140	0.104	0.105
		过度检查	sig	0.182	0.262	0.018	0.000	0.442
			F	0.036	0.054	0.111	0.116	0.044
			V	0.036	0.054	0.111	0.116	0.044
		结算时出现不明收费	sig	0.501	0.022	0.578	0.015	0.264
			F	0.018	0.084	0.064	0.087	0.054
			V	0.018	0.084	0.064	0.087	0.054
	药店	出售生活用品	sig	0.495	0.003	0.001	0.000	0.073
			F	0.032	0.122	0.161	0.140	0.091
			V	0.032	0.086	0.114	0.099	0.064
医疗服务需求方	患者居民	医保卡购买非医用品	sig	0.182	0.000	0.000	0.000	0.052
			F	-0.036	0.137	0.174	0.186	0.075
			V	0.036	0.137	0.174	0.186	0.075
		使用他人医保卡	sig	0.128	0.000	0.000	0.000	0.000
			F	0.055	0.174	0.237	0.201	0.211
			V	0.055	0.123	0.167	0.142	0.149
		送红包	sig	0.194	0.027	0.000	0.001	0.007
			F	0.036	0.083	0.165	0.110	0.094
			V	0.036	0.083	0.165	0.110	0.094
		医保个人账户套现	sig	0.857	0.006	0.000	0.000	0.000
			F	0.015	0.117	0.217	0.195	0.236
			V	0.015	0.083	0.154	0.138	0.167
医保管办部门	医保经办机构	报销审查是否严格	sig	0.415	0.171	0.597	0.015	0.004
			F	0.022	0.062	0.064	0.088	0.100
			V	0.022	0.062	0.064	0.088	0.100

数据来源：吉林省社会保障诚信体系建设研究调研

表4.6 医保参与主体失信行为影响因素的回归分析

主体		失信行为	回归分析	影响因素 年龄
医疗服务供给方	医院/医生	暗示患者送红包	R²	0.013
			P	0.000
		夸大病情	R²	0.020
			P	0.000
		重复开药	R²	0.020
			P	0.000
		药品/医材价格虚高	R²	0.003
			P	0.041
		过度检查	R²	0.027
			P	0.000
		结算时出现不明收费	R²	0.004
			P	0.020
	药店	出售生活用品	R²	0.005
			P	0.011
医疗服务需求方	患者/居民	使用医保卡购买非医用品	R²	0.021
			P	0.000
		使用他人医保卡	R²	0.281
			P	0.000
		送红包	R²	0.021
			P	0.000
		身边存在医保个人账户套现行为	R²	0.001
			P	0.411
医保管办部门	医保经办机构	医保报销审查是否严格	R²	0.016
			P	0.000

数据来源：吉林省社会保障诚信体系建设研究调研

由于非对称信息现象在制度体系内存在的必然性，第3章所揭示的众多社会医疗保险领域失信行为，究其根本是由于系统内生道德风险隐患的外在具体化。这种具化的动机一方面源于制度从参与主体对利益的追求，没有人们对利益超出合理范畴的追求就不会使道德风险问题从隐患变为实际行动从而造成实际损失。另一方面，道德风险隐患具化的关键因素还在于缺乏有效的激励机制和惩戒机制，使得参与主体欠缺足够的道德风险主动规避意识，而这种自律、自我限制能力的缺乏在失信成本过低的情况，极易被利益所驱动，最终导致道德风险隐患具化为实际中的不诚信行为或违规甚至违法行为。

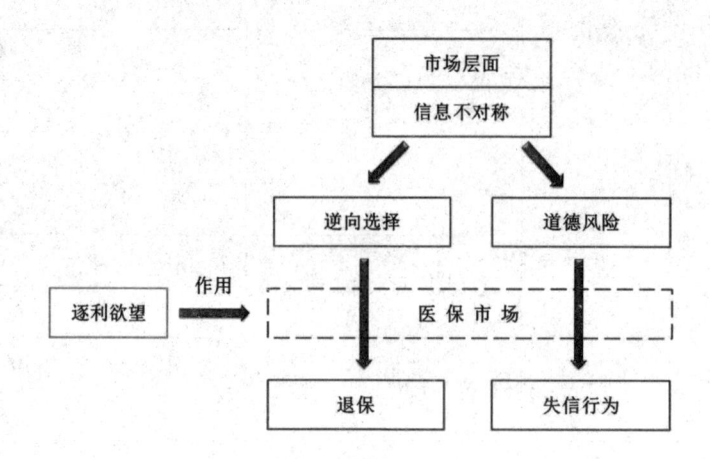

图4.2　市场层面因素导致失信的分析

社会医疗保险是国家社会保障制度体系的重要组成部分，其良性运行不仅依靠制度供给，还依赖于参与其中的各个主体能够自觉遵守规章制度，将自身行为约束在相关法律法规范围内。而由于我国国情相对复杂，社会医疗保险参与主体的数量远多于养老、失业、生育、工伤等其他保险项目，在利益的驱动下，一些单位或个人可能选择利用制度漏洞或法律和道德之间的灰色地带，通过规避税费、套现等违规或不法行为来使其利益最大化。在这些行为中，有些是医保参与主体基于对其自身利益的考量而做出的合法范围内的选择，以最大化其经济行为的效益。但有些行为瞄准的是现行制度法规的灰色地带，游走于道德与法律之间的边缘，在利益的不断驱使下极易出现越轨行为，从而导致医保违法案例的产生。然而，这些行为常常游走于道德与法律的边缘，现行医保法律法规难以有效对其进行有效的监督和管理，一些不诚信行为如使用医保卡购买非医用品变相套现等行为甚至在此情况下逐渐演变成为法不责众的普遍现象，形成难以治理的制度隐患。

社会医疗保险是国家依法建立的用于保障公民医疗健康的社会保险险种，利用大数法则使民众共担医疗风险，促进全体公民共享医疗事业的高速发展。然而一些单位或个人的失信行为却无疑使得大数法则遭到某种程度的破坏，因而表面上看来仅属个别行为的诚信缺失在实质上从方方面面对医保制度的核心体系进行着蚕食与破坏。由于我国社会医疗保险实行的基金账户管理模式的固有特性，无论是医院、药店还是个人，均可能在实际操作中面临"遵守规定"和"利益最大化"的选择，这一灰色地带往往依赖于参与主体的道德选择，难以在社会医疗保险框架下进行法律法规约束，且此种情况下行为人或行为主体的决策及执行往往难以实行有效监管，或因其隶属于道德范畴而无法依靠强制力予以约束，因此现行制度在面对参与主体的不诚信选择常常无能为力，在影响力度和约束能力上都存在着明显的不足。

可见，社会成员和社会团体能否自觉将自身行为约束在合法范围内对制度的良性运行有着极为重要的影响，不受限制的不诚信行为对医保体系运行稳定性的影响与蚕食不容忽视。

4.1.3 传统文化因素产生负面影响，为道德风险发生营造思想温床

文化是影响社会治理成效的诸多因素中十分重要的无形因素之一。我国传统文化始终将诚信视为一种宝贵的品质，并在五千年的文化传承中时刻被世人所追求。但值得注意的是，我国古代社会制度在相当长的时期内处于封建制度，封建制度采用儒家的忠君思想进行社会统治，这种统治方式在社会结构中强调社会低阶级向高阶级效忠并最终对天子效忠，在家庭内部强调妻子忠于丈夫、晚辈忠于长辈，具有明显的等级划分。而现代社会制度采取的法制化社会治理模式则要求社会成员在制度面前人人平等，强调制度体系内对规则的遵守，这与我国古代封建社会的社会治理模式相差极大。我国社会制度在新中国建立之时几乎在一夜间完成了从封建社会到社会主义社会的转变，亦即要求社会治理从"人治"变为"法制"。然而，一国的文化却存在相当大的惯性，任何人都无法使所有社会成员能够在朝夕之间转变思维模式。显然，古代中国长达数千年的封建社会，几乎未能培养这片土地上生息

繁衍的民众产生法制意识和规则意识。如若要求人们的思想转变为事事遵守法律和规则，显然需要极长的时间。

相较之下，西方的契约型社会已经经历了足够长时间的积淀，社会文化对法律意识、规则意识的推崇与尊敬值得我国深入学习。随着经济全球化时代的到来，加深世界各国对中国的了解。西方人常常认为中国人非常善于变通，十分懂得随机应变，这不得不说与中国古代长期缺乏规则意识的社会治理模式有着极为关键的联系。从这个角度看，社会医疗保险中存在的不诚信行为的根源，相当一部分源于某些法制意识淡薄的民众在利益面前对规则的蔑视或忽视。

国人对规则有选择的忽视有很多典型案例，以交通规则中的红绿灯规则对人的约束有效性为例，中国式过马路是日常生活中最为常见的违反交通法规的案例，而许多民众认为交通红绿灯是给汽车司机看的，斑马线是用来保护行人的，这种对规则的错误认知以及缺乏有效管制措施，使得道德风险隐患具化为人们司空见惯的行人乱穿马路、甚至在机动车前抢行等不当行为，已经形成法不责众的现实状况，极难处理。相较之下，社会医疗保险失信行为中存在的个人持医保卡购买生活用品甚至套现的行为，同样因错误认知和缺乏有效管制措施而普遍存在。

中华人民共和国成立至今已历经近70年，而我国法制化建设和社会规范建设仍在持续之中，并且在高速经济发展下不断进行改革以适应新的变化。我国国民的法制意识、规则意识的建立仍然需要通过不断的普及教育、加大宣传力度。国民法律、规则意识淡薄，是导致社会医疗保险失信问题泛化的关键因素。此外，必须注意的是，在该类建设过程中，已有的成果极易受到负面因素的影响，如政府的失信或不遵守规则的行为，将对社会诚信水平和法制意识、规则意识造成极大的、难以挽回的影响。

4.1.4 医疗药品行业具有特殊性，为道德风险发生提供便利条件

医疗是一项较为特殊的社会服务领域。与一般项目相比，医疗服务往往在事前难以预估其消费的金额。患者在前往医院就医时，需根据病情的种类和轻重缓急去做若干项检查，随后根据医生的问诊并结合检查结果来综合做出诊断，如若在检查中发现新的问题，一般会继续做更加深入的检查和诊治，因此医疗服务的具体消费数额往往无法被准确地预估。即便是常规病

案，因个人体质差异造成的用药量不同等因素，仍会导致医疗服务消费难以确定。

马克思曾经说过，人们奋斗所争取的一切，都与他们的利益有关。总结医保领域发生失信的基本原因，大都与医疗机构和个人利益有关，同时也与医疗服务的特殊性紧密联系在一起。

张欢（2008）总结了医疗消费所具有的特殊性。首先，医疗服务具有专业性，复杂性的特点。医疗诊断是一项专业性极强的工作，同时疾病的治疗过程又充满了不确定性。由于患者存在个体差异，这就使得同一种病也会出现不同的外在表现，患病的程度也会不同，使得医疗服务方式、治疗手段、治疗结果等，都存在不确定性，这样就很难对医疗服务做出评估，对医疗领域失信行为的监督，是最困难的监督。其次，医疗服务需求基本没有弹性。随着人们生活水平的不断提高，人们越来越重视对健康的追求，把对健康放在人生过程的重要位置，特别是在存在"第三方付费"的医保制度下，患者的这种对健康的需求表现得更为强烈，这就为医生的"诱导需求"提供了一定的基础，而患者由于收费数额的降低也愿意接受这种诱导。再次，医疗消费具有伦理性。医疗消费的伦理性表现在人们对于疾病一般都会产生恐惧心理。由于这种恐惧心理的存在，在能够享受医疗保险的条件下，人们往往一有病就要跑大医院，做一些昂贵的甚至没有必要的检查，用最昂贵的药，这在无形中造成了过度的医疗消费，也加大了道德风险发生的概率。[1]

由于上述因素的存在，使得人们往往难以度量医疗服务诚信。一是从医院医生方面看，医疗科学专业性强，专业壁垒难以打破，利益驱使所造成的医方自我封闭，以及医患之间信息不对称等，相似性度量难以进行；二是从患者方面看，人体生理、病理的复杂性决定了临床医学探知新领域的长期性、不确定性和艰巨性，使得医疗效果衡量不完全确定；三是在第三方付费的制度下，人们对健康的追求，在某种程度上奠定了医生诱导过度医疗消费的心理，使得医疗需求呈现无止境状态。

---

[1] 张欢. 我国社会保障制度的诚信缺失与重建[D]. 河北大学, 2008.

4.2 有效防控道德风险对治理医保失信乱象的重要意义

基于文献考察及前文分析可知，道德风险的产生与存在是不可避免的。道德风险防控的缺失，是道德风险从风险隐患演变为风险事故发生的重要原因。尽管与社会医疗保险领域失信现象相关的各类因素众多，但实际上这些诱因均通过直接或间接引发道德风险，导致种类繁多、数量庞大的失信行为出现，最终造成医保制度安全遭受威胁、医疗服务市场秩序遭到破坏、民众健康权益蒙受损害、社会诚信水平出现下滑。诚信与秩序以无形的方式对社会的运转产生影响，道德风险隐患引起的诚信缺失将使正常的秩序遭到破坏造成社会失范，优良的社会诚信水平对维护社会秩序有着极为关键的作用，进而保障了民众对政府制度供给的信任，"如果存在对社会秩序的系统信任，那么我们也将非常可能信任具体的经济、政治、司法以及教育制度的安排"[1]。当前医疗卫生服务市场中存在的大量失信行为所造成的诚信缺失等并不是问题的关键，治理医保领域失信乱象频发、解决诚信缺失问题的真正核心在于如何对社会医疗保险领域中的道德风险进行有效的防控。

4.2.1 保护医保制度的安全

医保领域中存在的道德风险时刻威胁着社会医疗保险基金的资金安全，进而对社会医疗保险制度安全带来隐患。医保道德风险有效防控机制的缺失使得失信行为得以较为轻易地发生，许多失信行为攫取不当利益的目标正是拥有庞大资金池的医保基金。尽管通过不断完善法律与制度能够在一定程度上降低信息不对称水平、截断道德风险发生路径，但是经济学理论研究已经证明追求最优的制度设计、规则设计以求完全消除道德风险隐患的做法是徒劳的。在维护社会医疗保险制度安全的过程中，尽可能完善法律与制度是绝对必要的，但仅仅依赖制度优化是远远不够的，建立健全医保道德风险防控机制不仅是理论层面的需要，更是实践层面的需求。正像国家的法制化需要在立法的基础上加强司法机关的建设一样，社会医疗保险道德风险的有效防

---

[1] 彼得·什托姆普卡.信任——一种社会学理论[M].程胜利，译.北京：中华书局，2005:67.

控不能只依赖顶层设计,却忽视对制度运行层面的管控。通过构建医保道德风险长效防控机制,能够在医保制度顶层设计不断优化的基础上于制度实践中对道德风险加以防控,藉此有效降低道德风险发生的概率,使得医保制度所面临的风险水平得以抑制,从而对医保制度的安全形成保护。

4.2.2 维护医疗服务市场秩序

缺失社会医疗保险道德风险有效防控机制的医疗服务市场将始终面临着极大的道德风险隐患威胁,使市场正常的运营秩序遭受失信行为损害的可能性大大增加。当制度不完善或存在漏洞的情况下,如若同时缺乏相应的道德风险防控机制,将使得医疗卫生服务市场始终运行在失信成本极低的境况之中,而这无疑将令失信行为的出现提供良机,令医疗服务市场的正常运营秩序始终暴露在极高的风险威胁水平之下。心理学研究所提出的一些效应反映了在制度运行层面对医保道德风险进行防控的重要性,如其中有一种称为"破窗效应"的心理学现象,指的是如果路边一幢建筑的门窗出现破损却迟迟不予以修补更换的话,会使得这幢建筑的其他门窗遭到进一步的破坏,即环境或领域中的不良现象与不当行为如果被放任存在,将诱使人们效仿甚至变本加厉;又如由美国教育心理学家Jacob Kounit所提出的"涟漪效应",或称"模仿效应",指当人们见到有人破坏规则,却发现这种不良行为不会得到及时处理时,即会模仿破坏规则的不当行为。这些心理学效应反映出,通过失信行为获利的方式在社会中极易通过口口相传等途径被传播和效仿,由此甚至会形成难以处置的普遍性失信乱象,各类不当使用医保卡购物、医保个人账户套现等即为此类问题中的典型代表。对失信行为的管治缺失变相地形成了示范性效果,因此构建相应机制防控道德风险对维护市场规范与秩序无疑具有重要的意义和价值。

构建医保道德风险防控机制将形成对道德风险隐患以及失信行为的有效管控,其中所应包含的激励、惩戒机制将在信息化的道德风险防控过程中形成层次化的市场监管,通过对相关社会资源的有机整合,以及对良性刺激与适度惩罚的有机结合,对社会医疗保险道德风险以及实际失信行为进行全面的防控与管治,从而极大地维护了医疗服务市场的正常运行秩序。

4.2.3 促进民众健康权益得以保障

社会医疗保险领域道德风险防控机制的缺失变相加剧了失信现象的出现，而施行失信行为的主体在因此获利的同时，实际上将风险成本转嫁给了社会医疗保险制度和医疗服务市场中其他的参与者，而社会医疗保险作为分散参保人风险的保险机制，其利益受损意味着参保人的合法权益同样蒙受了不应有的损失，而所有上述损失将最终导致民众健康权益遭到损害，从而使社会医疗保险制度的民众基础遭到破坏。构建医保道德风险有效防控机制能够促进形成良好的、规范的医疗服务市场秩序，从而促进提升医疗服务市场参与主体主动规避道德风险的意识和意愿，实现对民众健康权益的保障。切实保障民众的健康权益是建立社会医疗保险制度的初衷，而构建医保道德风险防控机制无疑将对实现这一初衷带来切实的帮助。

4.2.4 促进社会诚信水平稳步提升

匮乏社会医疗保险道德风险有效防控机制不仅会导致失信行为的频繁发生，进而致使民众健康权益遭受损害、使医疗服务市场秩序遭到破坏、使社会医疗保险制度安全水平大幅下降，更加令人担忧的是这些负面影响将会对社会诚信造成难以估量的冲击，而社会诚信水平的下降将进一步导致市场参与者变本加厉的施行更多、更严重的失信行为，甚至违规、违法行为，最终造成极难治理的恶性循环。在不断完善制度的基础上构建社会医疗保险道德风险有效防控机制能够对道德风险发生的概率予以最大程度的限制，避免其导致的负面结果对社会诚信水平的冲击。

加强社会诚信建设是我国"十三五"期间社会建设的主要目标之一，党和政府对社会诚信建设工作十分重视。在医保制度领域中，通过医保道德风险防控机制的有效运行，能够促进制度实践层面的各个参与主体主动规避道德风险、践行诚信，提高医保领域诚信水平，从而能够对我国社会诚信建设提供极大的帮助。

第5章 诚信体系：医保道德风险防控的必由之路

前文分析指出，当前我国医疗服务市场中存在的大量失信行为，实为多种相关因素诱发系统内生道德风险所致。治理医保失信乱象、提高医保诚信水平的关键在于对医保道德风险进行有效防控。本章将从理论分析的角度，从道德风险产生的源头——信息不对称入手，以深入剖析非对称信息现象为起点来逐步探寻社会医疗保险道德风险防控的路径选择。

5.1 社会医疗保险道德风险防控路径探析

道德风险的产生源于非对称信息现象，因而若要分析医保道德风险防控的路径选择，应对道德风险问题追根溯源，从深入理解非对称信息入手。信息不对称，亦称为非对称信息，是由美国经济学家肯尼斯·阿罗在其1963年发表的著名论文《不确定性和医疗保险的福利经济学》中首次提出的一种在经济交易中广泛存在的现象，由信息不对称所引起的道德风险这一概念亦于该文中首次出现在世人面前。"作为一种市场失灵的形式，道德风险是指市场参与者一方在信息不对称条件下为增进自身效用而做出的不利于另一方的行动，……人们在非均衡市场上往往产生收益内在、成本外化的动机和追求，一旦周围环境和条件允许，这种逃避经济责任的行动就会转化为具体行动"[1]。作为经济学领域中的经典概念，阿克洛夫、斯彭斯、斯蒂格利茨等信息经济学研究领域巨匠对其的不断研究逐渐加深了人们对非对称信息在市场行为中所起作用的认识，而道德风险与逆向选择也被认为是由于信息不对称所引发的典型问题。而后在谋求规避道德风险问题的道路上，人们始终

---

[1] 王锦锦. 论社会医疗保险中的道德风险及其制度消解[J]. 人口与经济, 2007(03).

基于非对称信息恒常存在的理念来设计制度框架，并在意识到无法达到帕累托最优的情况下追求次优的解决方案（该理念详见让·雅克·拉丰、让·梯若尔在20世纪90年代前后，以及大卫·卡特勒、理查德·泽克豪泽1999年论文《对健康保险的剖析》等诸多经典研究）。本章将尝试从源头剖析信息不对称现象恒常存在本质及意义，并以此作为探析道德风险问题的最基本出发点，研究道德风险问题对社会医疗保险制度产生负面作用的机理和发生路径，最后在理论分析基础上探寻非对称信息环境中应对社会医疗保险制度道德风险防控问题的路径选择。

5.1.1　非对称信息现象恒常存在的本质及意义

作为经济学领域的经典理论，信息不对称以及经济学领域对其深入研究帮助人们不断优化经济市场运行机制，为规避交易契约中的逆向选择与道德风险等问题做出了诸多贡献，而信息不对称本身因道德风险等问题的存在而通常被视为一种负面意义更大的现象。但是，如若我们仔细观察不难发现，在经济领域之外，信息不对称现象在人类的生活中几乎无处不在。如在政治选举活动中，参选的政客常常利用自己的信息优势在关键时刻给予对手致命一击，从而获得支持率优势。又如在足球场上，带球进攻的球员常常利用假动作晃过对方防守球员的重心，来完成带球过人的技术动作，表面上看这种情况是进攻球员利用假动作"欺骗"了对手，但实质上进攻球员真正意图的信息是被隐藏起来的，防守球员由于无法获知攻防球员的真实意图信息导致防守失败，显然信息不对称这一现象在这个过程中起到了非常关键的作用。可见，信息不对称现象广泛地存在于人类社会生活的方方面面，而非仅仅在经济交易活动中存在。即便是在经济交易活动中，非对称信息的恒常存在也并不一定会导致效用降低。

在经济领域中，人们通过在非对称信息环境中进行竞争来获取自身所需的各种形式的效用。在市场秩序良好的情况下，这些竞争将实现正和博弈，从而促进了市场效率的提高。厂家在合理的范围内是有权调整其产品价格的，尽管消费者在消费时并不知晓产品的真正成本价格，但只要定价是处于合法合理的范围内，非对称信息的影响就处于可控的正常范围内。此时尽管仍然存在厂家过高定价牟取暴利的道德风险，但由于有效的市场定价管控机制的存在，使得道德风险并不会真正发生并造成实际损失。虽然消费者的效用随商品定价变化而变化,但这种处于可控范围内的效用变化常被认为属于正常的经济波动,并不会被视为厂商利用道德风险获利。这种处于合法且可控范围内的经济波动正是市场自由竞争机制的体现,并可能会使市场的整体效用得到提升。可见,即便在经济领域,非对称信息的恒常存在也并不意味着负面效应。只有当人们利用非对称信息谋取超出合法范围的不当利益时,道德风险才会从隐患状态,变为实际发生的状态并造成实质性的负面作用,而通常这种情况的出现常常是因为制度存在漏洞或监管机制的缺失,使得人们的逐利行为得以施行。

需要注意的是,一般情况下,经济交易活动中的信息不对称可以被利用获取规则之外的利益,而其他人类社会活动中的信息不对称虽然同样可以被利用获取各种形式的利益,但往往是在规则允许范围之内的,如刚刚举例中的参选政客和足球运动员。那么为何面对本质上相同的信息不对称现象,却要在规则的设计中区别对待呢?这就需要从信息不对称现象之所以存在的本质,以及人类社会赖以存在的社会形态特点等方面为基础来进行理解。

我们可以轻易地认识到,人类的个体思维存在封闭性的特点。现代生物学和医学对人类的思维过程进行了大量研究,人类使用脑部进行思考是不证自明的事实,因而人类的思维是对外封闭的,这就使得个体思维的信息几乎永远处于自控状态,其透明度基本取决于个主动透露的信息量。通过观察个体的行为并对比数据库可能会发掘更多信息,但总的来说绝大部分思维信息及其决策过程是对外界呈不对称状态的,因而我们可以认为信息不对称在自然界几乎无处不在。

根据生物分类学的一般生物分类层次方法(由高至低:域届门纲目科属种),所有生物原分为两个域,一是原核生物域,包括无细胞核的细菌、古细菌等生物,二是真核生物域,包括所有单细胞或多细胞的、且具有细胞核的生物的总称,包括动物届、植物届、真菌届、变形虫届等七个主要界别。原生生物域的生命形式属于低等生物,这些低等生命的日常行为往往仅仅依赖其与周围环境产生的化学反应信息来决定其行为,这种行为不具有主观的选择性。在真菌届,最为人们所熟知的是一些大型真菌物种(如有毒蘑菇)进化出通过独特外表(如色彩艳丽)来警示其他生物,从而达到保护自己的目的;在植物界中,有些植物进化出散发甜味等能力诱捕昆虫(如捕蝇草),而有相当数量的植物通过开放鲜艳的花朵或提供香甜的花蜜来吸引昆虫帮助传粉；在低等动物中，一些昆虫（如竹节虫）会通过形态、颜色伪装来躲避天敌。显然这些较为低等的生物所进化出的伪装、诱捕等功能是其个体与生俱来的本能或通过进化已经获得的外在形态或颜色，并不具备高等动物的主动利用信息进行行为决策的能力，尽管如此，毒蘑菇、捕蝇草、开花植物、昆虫等生物的行为具备了通过利用各种形式的信息来达到不同目的显著特点。

而在动物界的高等动物中，信息作为一种无形工具被更为广泛的使用，且出现了主动显示、隐匿信息等行为现象。例如在食草动物中，最为典型且广为人知的是生活在非洲草原的斑马，斑马通过其身上的黑白间条伪装条纹来将自己隐藏在草丛中，由于狮子等食肉动物大多是色盲，因而斑马的条纹会降低被敌人发现的可能性。一些巢穴位于地下的动物会通过打出多个洞口来迷惑天敌从而保全自己，成语狡兔三窟即为典型的例子。而在更为强大的食肉动物中，主动隐匿信息的行为变得更为司空见惯。人们通常认为食肉动物之所以强大，是依靠健壮的利爪和敏捷的身形，往往忽视了食物链顶层生物对信息的利用和掌控。如捕猎的狮群在行动前期会尽可能地隐藏自己以避免猎物被吓跑，猫会在排便后用沙土将排泄物彻底掩盖起来以求最大限度防止天敌或猎物通过气味发现自己的踪迹。以狡诈著称的狼在利用信息方面甚至达到了与人类相近的水平，如《聊斋志异》中的《狼三则》就记载了狼会通过故意假装休息来迷惑人，藉此掩护同伴在人类视野范围之外的行动。

由此可见，散发或隐匿信息是自然界中的生物在其生命过程中经常使用的生存手段，而且越是处于食物链更高层次的生物，其对信息的掌控和利用的主动性越强。从这个角度看，通过散发或隐匿信息来生成某种信息不对称状态，是高等动物赖以生存的必备能力之一，通过非对称信息获利的现象在自然界中广泛存在。

基于以上分析可以得出结论，即非对称信息恒常存在的本质是生物进化的结果，其存在意义是帮助高等级生物，使其通过生命活动满足自身各类需求的效率大幅提高。人类作为地球生物之一且位于食物链最顶端的动物——尽管人类已经在相当程度上脱离动物性，但不可否认的是人类不可能完全抹灭自身的动物性——利用信息不对称来获利实是天性使然，信息不对称是人类作为生物的一部分，且强大的智力水平使得人类对信息的利用更是达到了前所未有的程度。因此从这个角度来看，我们永远不可能彻底使非对称信息从人类的生活中消失，同时只能尽可能地降低非对称信息对人类社会的负面影响。这个结论解释了非对称信息现象恒常存在的本质原因，这与信息经济学领域基于数学的非对称信息研究结论是相吻合的。经济学的经典研究中一般使用数学模型并通过计算来证明信息不对称的不可解，无法达到帕累托最优，而本研究从另一个角度阐述了信息不对称现象恒常存在的本质并指出其存在具有一定的积极意义，突破了以往对信息不对称的单一认识。我们应当认识到，非对称信息对于人类的意义或许远不止于其所导致的逆向选择与道德风险等负面问题。在人类社会中以及地球生物界广泛存在着信息不对称现象，我们必须承认这种现象对于人类以及许多物种来说有着相当程度的积极意义，其在人类及其他生物繁衍进化过程中所起到的积极作用不容忽视。我们无法想象，对于那些进化至食物链更高层次的生物，如果剥夺其对信息的利用能力，将会对地球生命演化导致怎样的后果。不懂得利用信息、隐匿信息的物种在自然界势必难以生存，如果让肉食动物不再掩饰自己的捕猎行为，而是从远处即开始大摇大摆的一边大叫着"我要吃了你"一边冲向猎物，恐怕这种捕猎方式的成功率将难以确保肉食动物的种族存续。因此我们必须认识到，非对称信息本身应当是中性的或同时兼具积极、消极两种影响的。由信息不对称所导致的逆向选择和道德风险等问题使得人们通常只注意到信息不对称现象的负面影响，而这种认识无疑是较为片面的。

5.1.2 社会化视角下的道德风险问题

对信息不对称的深入理解是我们正确选择社会医疗保险道德风险规避路径的根本出发点。上一节我们从人的动物性角度考察了非对称信息与人类的关系以及其恒常存在的本质原因，而在本节我们将尝试从人的社会性出发来理解非对称信息现象。

在生存方式上，人类与前文提到的斑马、狮子、狼等一样同属于以群体形式生活的物种，这些物种中的个体往往无法独自在自然界生存，而其中人类更是将群居生活演绎到了极致。人类通过高度社会化融为一个整体，并在这种复杂的社会生活环境中建立生存的基础、谋求个体发展，可以说没有高度的社会化，就没有人类今天方方面面的繁荣。生活在社会中的人类个体通过各种形式的学习来获得在社会中赖以生存的技能，从而形成个人职业，并在其生命过程中运用职业技能完成不同形式的工作或任务以获取资源。

风险的存在是人类与许多物种选择以群体方式进行繁衍生息的重要原因之一，而智慧的人类文明通过数千年的摸索逐步在各类社会规范基础上创建了法制化、制度化的风险管理制度——保险。保险制度是人类历史上最为成功的风险管理方法之一。保险制度通过分散风险的方式来化解社会个体可能面临的、无法承受的巨大风险损失，而这种制度形式的存在离不开人的社会化。信息经济学的研究证明了信息不对称是导致人类市场交易活动中产生逆向选择和道德风险问题的根源，现代保险行业作为经济活动的一部分在其制度建设与发展过程中饱受逆向选择与道德风险问题的影响。与此同时，前文的分析说明非对称信息现象不仅广泛存在于人类社会的方方面面，对不对称信息的利用更是人类以及许多地球物种赖以生存的基本能力之一。由此可见，尽管人们想尽办法消除逆向选择与道德风险——本质上是在追求完全信息对称——但由于非对称信息现象的恒常存在，逆向选择与道德风险是无法彻底规避的，因为我们无法彻底消除自身利用非对称信息的可能性，对非对称信息的利用是思维封闭的生物个体的无形组成部分之一。

　　但从整体角度考虑，通过社会化进行群体生活的人类需要维护群体的利益，因为群体的存续无疑能够在更大程度上保障个体的生存，因此无法彻底消除非对称信息及其影响并不意味着放弃在某些领域中解决逆向选择、道德风险问题的尝试和努力，这些对人类经济活动产生负面影响的问题仍需要予以最大程度的限制以保护绝大多数人的利益。前文的分析曾提到，非对称信息现象实际上在人类社会生活的众多领域中广泛存在，但由于在经济领域中，非对称信息的存在直接影响着合同契约的安全，而合同契约是经济行为赖以存在并得以完成的重要基础。逆向选择与道德风险问题的存在直接关系到契约关系中各方的经济利益分配，契约关系中失信一方通过道德风险获益的同时将使得其他参与方的收益遭受不合理的损失，即获益者转嫁了风险成本，进而对集体利益的安全产生严重威胁，这是经济领域非对称信息与其他领域非对称信息的关键区别所在，在社会的其他领域这种对非对称信息的利用有时甚至是能够促进集体利益的，因此对经济领域合同契约关系中的非对称信息问题必须加以重视和管理。仅就社会保险制度而言，由于涉及社会中绝大多数成员的切身利益，其中存在的逆向选择与道德风险问题直接威胁着社会保险基金赖以存在的基础，因而与社会其他领域中存在非对称信息的情况不同，社会保险制度领域的非对称信息以及由此导致的逆向选择与道德风险问题是制度设计与研究工作者必须重视并予以限制的重要问题。

人类具备利用非对称信息谋利的能力本身是作为生物体追求自身利益而进化出的生物本能，但人与动物的区别即在于人类能够运用智慧来控制自身对利益和资源的追求以避免产生无限欲望。现代保险制度经过数百年的不断优化已经逐步形成了稳定的制度体系框架结构，而从社会保险制度构建理念不难看出，社会保险制度设计旨在降低居民平均风险水平，这就要求参与制度的主体不能无限制的追求自己的需求和利益，而保险制度的理念就明确了保险制度需要让个体牺牲少量利益来降低平均风险水平从而提高整体的风险抵御水平。

由此可见，尽管我们无法通过彻底消除非对称信息进而达到在根本上彻底规避道德风险等问题，但在社会保险领域中对道德风险进行抑制仍是保险制度研究工作者的研究重点。此结论与信息经济学研究中追求次优的契约结构设计相契合，能够帮助我们选择正确的社会医疗保险道德风险规避路径。

5.1.3 社会医疗保险道德风险防控路径选择

依前文分析，社会医疗保险道德风险作为一种基于非对称信息而产生的系统性风险是无法彻底消除的，因为导致其出现的根本原因非对称信息是人类思想中的无形组成部分，显然我们无法有选择地将一部分无形的意识彻底抹去。从经济交易的角度看，道德风险是"市场经济中的一种必然现象……只要我们承认个人追求收益最大化的合理性与合法性，那么'道德风险'就不可避免地产生……从深层次看，'道德风险'并不是一个人性本善还是性本恶的问题，而是根源于市场经济与经济人本身"[1]。可见，不论是基于对非对称信息的深入理解，还是基于对人类经济交易活动的深入分析，道德风险的不可消除性是人们需要正视的事实。因此，在探析社会医疗保险道德风险防控路径的过程中，应着重思考如何有效抑制道德风险的发生。

采用第三方支付机制的社会医疗保险制度是社会保险制度体系的重要组成部分之一，也是其中最为复杂的保险制度，不仅涉及参保民众个人、非独立参保人所在工作单位和医疗保险经办机构等社会保险常规参与主体，还包括医院、药店等医疗服务供给主体，甚至还涉及药品价格、医疗材料价格

---

[1] 卢现祥. 外国"道德风险"理论[J]. 经济学动态, 1996(08).

的医药厂商，其管理难度由此可见一斑。社会医疗保险制度参与主体众多，关系复杂，在医疗市场的日常运转中，一方面各个主体为追求自身利益进行行为决策，因而常常出现不诚信行为甚至违规、违法行为，而另一方面未经充分完善的医保运行制度因信息不对称现象而无法彻底消除道德风险存在的根基，一些规则的设置使得制度运行中存在灰色地带，为人们追求更多的利益提供了发挥空间。传统经济学分析一般基于数学模型对交易过程中的变量进行计算，并从中试图寻求限制道德风险问题的可能性。但经济学研究所给出的优化策略往往多为尝试从规则上进行限制，其中所提出的激励机制同样效果不佳。笔者通过梳理学界对信息不对称与道德风险问题长达几十年的研究，发现目前多数的应对机制仍然集中于优化交易机制，而部分研究和前文分析均已指出单纯的交易机制优化策略是无法解决道德风险问题的，因此仅仅依靠制度方向的完善虽然是必要的，但必然是远远不够的。

因此，基于前文对信息不对称现象本质的深入剖析，笔者认为对医保道德风险问题的防控路径选择应从宏观制度层面及微观行为层面进行双向应对的策略，如图5.1所示。其中在宏观制度层面，优化社会医疗保险制度本身以使其尽可能完善是规避社会医疗保险道德风险问题始终应当坚持的努力方向之一，而在微观层面对制度参与主体进行合理管制的努力同样不可或缺。

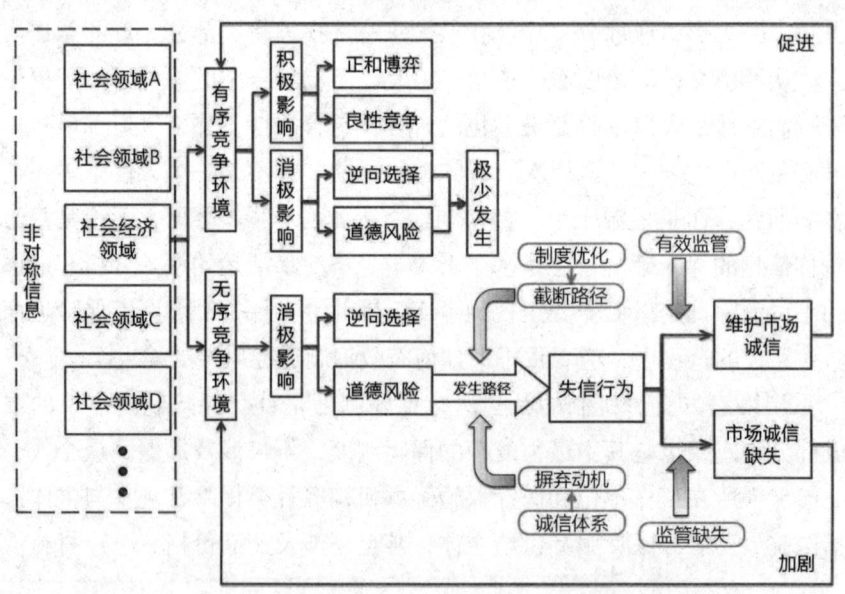

图5.1 社会医疗保险道德风险产生和发生路径

道德风险隐患之所以能够产生并存在，是因为经济交易中存在非对称信息，而道德风险问题之所以能够在实际的制度运行中造成负面影响，必然是由于制度参与主体将不诚信的想法付诸行动，即失信行为。因此我们一方面需要在制度层面尽可能地消灭道德风险赖以存在的基本环境，另一方面需要尽可能地抑制制度参与主体将失信想法付诸失信行为，从而造成事实不诚信，使道德风险的威胁造成实质性的负面效果。

墨菲定律指出，只要可能发生的事就一定会发生，不论概率有多小。在道德风险管理中，我们无法百分百的阻止必然存在的隐患变成事实，因此降低隐患转化为事实的可能性变得十分重要，优化合同契约的努力即为瞄向这样的目标。而在微观层面对制度参与主体进行行为管制中，参与主体行使失信行为的动机是解决问题的关键所在。

制度参与主体的失信动机无疑是为了获取以经济形式为主的利益，这也符合人类利用非对称信息获得利益的生存本能，然而社会保险领域中的道德风险需要予以抑制以维护群体利益。从这个角度出发可以认识到，对社会保险制度参与主体追求利益最大化欲望的限制是解决问题的关键。马斯洛需求层次理论指出，人类的需求欲望从低级到高级可分为生理需要、安全需要、感情和归属需要、尊重需要、自我实现的需要等五个层次，这五个需要层次明显有着由低级到高级、由基本动物性占主要比重到高等社会性占主要比重的显著特点，如图5.2所示。尽管利用信息不对称现象来获取利益是我们作为生物与生俱来的、为满足欲望的本能行为，但通常社会化的人类能够将自身行为限制在法律、道德等社会规范的框架之内，使自身对资源和利益的欲望能够被限制在合法、合理的范围之内。但如果面对触手可及的额外利益，就会出现部分无法抵住诱惑的个体或团体通过不同程度的越轨行为来获取更多利益，如何将人对利益的追求欲望控制在合理的范围内始终是法律、道德、制度等研究的重点，这种限制一方面应当抑制人过高的需求水平以防止社会失范，另一方面应当维持人的需求欲望处于合理范围内的较高水平以促进个体努力从而促进社会发展。这就提醒我们在尝试从微观的行为层次限制各主体的道德风险水平的过程中必须从惩戒和激励两个方面寻求合理的平衡性。

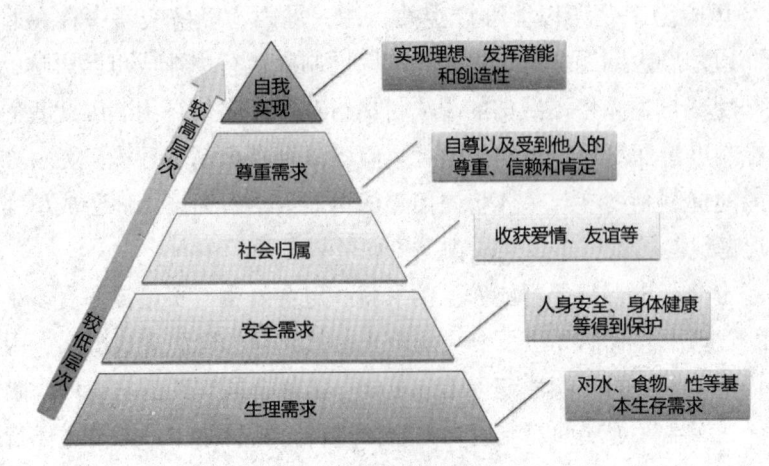

图5.2 马斯洛需求层次理论

基于以上分析不难看，限制社会医疗保险制度参与主体过度的利益最大化追求欲望，是在微观层面进行道德风险管理的绝佳切入点，使社会医疗保险道德风险的规避得以形成宏观制度层面与微观行为层面的双向管制，当前社会医疗保险制度规范中关于医保卡套现等失信行为的宣传与处置可视为在微观层面进行道德风险管理的基本制度建设，但面对我国当前频发的医闹、过度医疗等医保领域失信行为，这样的管办水平显然难以有效抑制医保诚信缺失的继续发展，使医保道德风险规避始终处于较为初级的阶段。由于人类个体的思维不透明，即使通过制度化手段强行最大化信息透明度也无法充分曝光制度参与主体的真实意图，只要各主体主观存在隐藏信息动机，规则与制度就显得很无力，这是人类思维封闭性所导致的必然结果。由此可见，通过制度创新从微观层面影响个体的决策、抑制个体过度的利益追求欲望、促进个体主动规范行为规避道德风险，从而配合宏观制度层面的制度优化与完善，是对社会医疗保险道德风险规避机制体系的强有力补充。

结合前人对规避社会医疗保险道德风险问题的各类研究，诚信无疑是最适合用于社会医疗保险道德风险管理的。诚信作为一种极为重要的社会资源，不仅是我国社会文明建设的主要目标之一，更是社会管理的重要工具。通过配置合理的激励机制与惩戒机制，能够在制度建设过程中追求更高的诚信水平，从而提高制度参与主体的自律能力。尽管由于信息不对称的存在使得道德风险问题不可能彻底绝对杜绝，但如果社会医疗保险制度参与主体能够以极高的诚信水平自觉规范自身行为，能够意识到并拒绝实施可能产生道德风险的失信行为，就能够使道德风险问题无限接近完全规避，从而最大程度地实现社会医疗保险诚信管理目标。从这一角度出发不难看出，社会医疗保险道德风险的规避路径选择应结合宏观层面的制度优化（包括社会保险立法、社会保险制度设计等）和微观层面的诚信建设（包括激励机制、惩戒机制等），从而形成双向的管制结构，以避免仅从制度方面进行优化所可能出现的制度陷阱。

5.1.4 我国社会诚信建设与医保道德风险防控

诚信建设是我国社会建设的重点建设目标之一，2014年6月国务院发布的《国务院关于引发社会信用体系建设规划纲要（2014-2020年）的通知》中明确要求建立健全社会征信体系和奖惩机制以全面提高我国社会在政治、商业、社会、司法等各个领域的诚信水平，此通知更在第二条中明确要求："在……社会保障……等领域，率先使用信用信息和信用产品，培育信用服务市场发展"。而在"十三五规划纲要"中在加强和创新社会治理方面明确提出"完善社会信用体系"。显然，关系着全体国民切身利益的社会保障制度体系的诚信建设更是其中极为重要的建设目标。

尽管西方经济学研究认为当前在保险契约中使用激励机制的效果并不理想，但中西诚信文化的差异无疑在其中扮演着相当重要的角色。西方社会历经数千年的社会制度演化已经形成典型的契约社会，规则意识早已深入人心。许多国家在不断完善法律与制度的同时，对失信行为还会做出极为严厉的处罚，并使用征信信息系统将被抓获的失信行为记录在案，这些记录将伴随失信行为人一生，其在日后的工作、学习生活中将会因其曾经的不诚信而付出代价，这无疑极大地提高了民众自觉约束自身行为的主动性，从而在微观层面与法律、制度层面的优化努力形成合力来打击道德风险。与此同时，西方国家往往会严苛恪守法律法规来加强民众对制度的信任，对规则意识、法制意识的追求在西方社会已经司空见惯，同一套规则体系中对政府和百姓一视同仁，这也在制度层面提高了社会诚信水平。

相较之下，我国社会体制在五千年的历史发展过程中几乎绝大多数时期处于"人治"状况，正如韦伯、福山等学者所指出，中国人典型的社会信任一般均局限于血缘范围之内，而在血缘范围以外则依赖儒家文化所倡导的忠君思想，因而古代中国的诚信常常被局限在血缘家族范围内，并在社会等级中倡导下级对上级的忠诚。新中国成立后，我国政府几乎一夜之间完成了将我国社会治理从"人治"到"法制"的转变，但在民间封建意识、经济结构等因素的影响下，现实社会中的实际情况却耗费了数十年的努力方才使我国的法制化建设逐步成型，我国政府与普通民众在其过程中均付出了极为艰辛的努力和许多代价。

尽管法制化建设已经取得了十分优秀的成就，但我国在社会治理中逐渐认识到，尽管法律制度体系可以不断完善以填补规则漏洞，但在某些情况下我们无法清晰地界定法律和道德的边缘界线，而对这些灰色地带的管理需要通过提高社会诚信水平来实现。与此同时，我国国民基数庞大，国民素质参差不齐，民众的法制意识仍然有很大的进步空间，在处理日常问题时的规则意识仍亟待加强。另一方面，我国当前处于社会快速发展阶段，包括社会保障制度体系在内的诸多社会政策常常需要根据人口结构等国情因素的变化来进行不断调整，有时甚至出现制度碎片化问题，而制度作为最高层次的准则，其在短时间内的变化必然引起制度参与群体的信任水平降低。不论从制度层次还是围观的民众行为层次出发来看，这些因素均在不同程度上影响着我国国家治理的法制化建设，因而我国社会诚信水平无疑需要通过进一步加强努力建设来切实提高。目前我国的社会信用建设目前刚刚起步，亟须在诸多领域加快进行建设以应对随着法制化建设进程的深入而出现的社会诚信需求。

由此可见，推动社会保险诚信体系建设是我国实现规避社会医疗保险道德风险的制度需求，是我国夯实社会诚信基础、提高社会诚信水平建设目标的重要组成部分。从长远看，建立社会保障诚信体系已是大势所趋，这样的制度建设决策亦与前文的分析不谋而合。

"对于'道德风险'仅仅用道义劝告是不够的，而必须进行制度约束。如果一个社会搭便车、偷懒、投机取巧的思想和行为盛行，那么，这个社会就必然失去生机和活力"[1]。当前我国社会医疗保险道德风险问题频发，对各个制度参与主体的管理缺乏差异性和层次性，不仅缺乏行之有效的激励机制对主动维持优良诚信水平的参与主体进行奖励，同时极度缺乏失信行为惩戒长效机制，使得制度参与主体的失信成本过低，难以形成足够的法制和

---

[1] 卢现祥. 外国"道德风险"理论[J]. 经济学动态, 1996(08).

制度威慑，这些是导致目前医保道德风险问题愈演愈烈的根本性因素之一。医保体系中各参与主体均存在危害程度不一，且种类繁多的失信行为，对社会医疗保险体系的制度安全造成极大威胁。我国社会保险诚信体系的建设应采取激励机制与惩戒机制相结合的基本原则，引导参与制度的民众和单位自觉约束自身行为，同时不断完善宏观层面的制度建设。尽管我国社会治理的法制化建设起步较晚，且法制意识、规则意识等民众思想基础与西方存在差距，但同时我们应当认识到，诚信本身是中华文化传统美德之一，诚信在我国五千年的文明史中始终被给予相当程度的重视和宣传。时至今日，我国传统文化的影响依旧在社会的方方面面发挥着或明显或难以察觉的重要作用，而在构建社会保障诚信体系的过程中，中华传统文化对诚信的重视必然将扮演极为重要的角色，与西方相比，这一无形基础是我们不容忽视的优势。

在2016年8月召开的全国卫生与健康大会上，习近平总书记再次强调，医药卫生体制改革"到了啃硬骨头的攻坚期"，并要求加快落实中共中央十八届三中全会确定的医药卫生体制改革任务。进行医药卫生体制改革的关键环节，在于医疗保险体制改革，而维护医疗保险改革秩序的两个前提条件，一是法律，二是诚信，二者互为条件缺一不可。由此，进行医药卫生体制改革必须把防控医保领域道德风险、进而提高医保领域诚信水平的相关研究与实践工作放在与法律同等重要的位置。

在吉林省社会保障诚信体系建设调研过程中，笔者深切体会到构建医保诚信体系的重要性。社会医疗保险诚信体系建设，关系医保制度的安全运行、医疗资源的合理配置与使用、人民的健康水平，甚至关系到社会的和谐稳定。在我国市场经济深入发展、改革开放日益扩大的背景下，医疗领域的诚信更加重要。建立医疗保险诚信体系，不仅是防控道德风险隐患的理论和实际需要，更是落实医疗保险政策，顺利推进医疗保险制度改革的重要基础。

5.2 构建社会医疗保险诚信体系的重要性

不论是基于国家领导人、我国政府对新时期社会诚信的建设要求，还是基于对防控社会医疗保险制度道德风险的现实需求，构建社会医疗保险诚信体系无疑均具有极大的重要性。非对称信息在人类的生活中无处不在，其所产生的影响应从积极和消极两个方面进行全面理解。在经济领域中，非对称信息会因市场环境的差异导致不同的影响：在有序竞争环境中非对称信息能够促进形成正和博弈、促进有效竞争，产生积极影响；在无序竞争环境中非对称信息会导致产生逆向选择、道德风险等消极影响，其中道德风险的实际发生将使契约中的一方或多方的正当收益蒙受不合理的损失。构建医保道德风险防控机制的意义一方面体现在其对完善制度的补足，另一方面更体现在促进形成诚信的有序竞争环境，从而促使非对称信息更多地发挥其积极影响。对非对称信息的片面理解将导致人们过度追求最优制度设计以规避道德风险，反而容易忽视构建道德风险防控机制的必要性。

5.2.1 加强医保诚信理论研究的重要性

加强诚信建设是医保运行层面防控道德风险工作的重要组成部分，而社会医疗保险诚信理论研究对指导医保实践工作无疑具有极为关键的重要意义，但我国相关的理论研究仍存在研究数量少、专业性不足等问题。西方社会对使用诚信、信用社会资本进行社会治理十分重视，美国社会信用制度体系即为典型例子。美国目前具有世界上最发达的社会信用管理和应用体系，通过对社会成员的征信管理，使民众的法制意识、规则意识得到加强，提高了民众自觉约束自身行为的动机水平，使诚信理念深入人心。美国社会信用制度体系建设的成功离不开长时间的实践建设，更离不开对相关理论的深入研究。而我国目前对社会诚信、信用社会资本在社会治理过程中的应用的研究仍然不足，在数量方面有待加强，在水平方面有待深入，而在社会保障领域对诚信资本的应用研究还几乎是一片空白。加强医保诚信建设理论研究，乃至社保诚信建设的理论研究，对我国社会保障领域的诚信建设无疑具有重大理论意义，能够对我国社会保障诚信体系建设提供科学的、强有力的理论支撑，更可为我国构建社会信用制度体系、提高社会诚信水平提供助力，具有极为重要的理论意义与实践意义。

5.2.2 构建医保供给方诚信体系的重要性

供方包括医院、医生和药店。医院对医保制度改革的积极参与和密切配合，是医保政策顺利实施和医保制度稳健运行的基本条件；医院发展既蕴含着医院本身实力和生存能力的增强与提升，也显示了医院与医院、医院与外界，以及医院内部各要素之间关系的完善与优化，同样需要医保政策的支持。

医生是治病救人的职业，医生通过履行治病救人的职能，体现医学人道主义，让病人在获得新生与健康的同时，感受到社会公平和社会制度的优越性，体现社会主流价值观和道德规范。医生的角色行为及其所掌握的治病救人手段关乎人的生命安危与健康，要求对待患者理智公正，不论病人对医生的态度是好是坏，都不能影响对病人的同情关怀和一视同仁。医生又是卫生服务的管理者，是医保制度的践行者，是医疗资源配置、医保政策贯彻、构建和谐医患关系的总把关人。提高卫生服务效率、满足服务对象的健康需求，使有限的资源发挥应有的效用，是医生的职责所在。而医疗是一个医生与病人双向沟通过程，医患关系主要取决于医生，医保制度的安全运行在很大程度上也取决于医生。

医药企业是国民经济中的特殊行业，与广大人民群众的健康和切身利益息息相关。医药产品是一种用于诊断、预防或医治人类疾病的特殊商品，具有在使用上的极强专属性和质量上的极度严格性，由此决定了全部药品的高度合格性。与一般的行业特征不同，医药产品一般不受市场供需矛盾的影响。医药产品在研发、生产和经营过程中，具有一定程度的不可逆性，市场准入门槛高，遵循医药行业的运行轨迹和发展变化规律，才能发挥好医药产品在医保中的积极作用。

由于医疗服务通行的规则有别于一般市场交换，患者的特征与消费者有很大的不同。医疗服务是一项具有创造性、高风险、高科技的工作。患者也不是一般的消费者，患者在医疗服务中与医生的关系，是平等互信的关系，互信非常重要，涉及医患关系、医疗资源的合理使用，甚至涉及医疗效果的好坏。患者作为医疗资源的主要享有者，医疗资源的盈亏，在一定程度上取决于患者，患者的医疗需求及其合理化程度，对于最大限度地发挥医疗资源的使用效果至关重要，计划经济时期的全民医疗之所以难以为继，其中最主要的原因之一，是由于患者过度消费医疗资源造成的。患者医疗资源使用上的诚信程度，在一定程度上决定了医疗资源合理使用程度。在市场经济条件下，要保障各方利益不受侵害，促进医保事业健康发展，建立良好的医患诚信环境尤为重要。

但是，在市场经济条件下，医保各方由于受利益驱动的影响，利益共同体经常遭受诚信缺失的困扰，产生一系列负面影响。医院是个特殊行业，其特殊的专业性和技术性，致使"信息不对称"现象很难避免。毫无疑问，医疗保险要对医院的医疗费用和药品费用进行必要控制，限制了医院的收入。但医院在利益驱使下，医院会以各种理由要求患者做没有必要的检查，诱导患者扩大消费；医院为获得利润维持资金和服务的正常运转，必然利用信息不对称的优势赚取患者利益；医生为了获取高额利润过度用药，从而造成药品市场混乱，相同疗效的药品，种类和价格会有很大的不同，开高价药品或进口的昂贵药品；在医疗服务价格相对较低而药品价格相对较高的情况下，医生和药厂合谋，医生通过开新药、贵药而获得利润，形成比较普遍的"以药养医"现象。不少医院存在乱收费问题，同种药品在药店和医院之间的差价有几倍甚至十几倍，并且收费项目繁多，许多收费项目无中生有，甚至无从查证，就是"以药养医"理念的外在表现。[1]

从具体情况看，医方诚信缺失的后果极为严重。

第一，败坏社会风气，降低社会公众道德水平。如上所述，患者与医生的关系，不是顾客与消费者的关系，而是平等互信的关系，这个关系一旦被破坏，医生与患者关系变成了商品交换关系，道德滑坡、医患矛盾等一系列问题就必然出现。医患关系也是最广泛的关系，涉及千家万户，医患关系不好对整个社会关系都将产生不良影响，使整个社会风气遭受严重影响。事实证明，医疗服务诚信缺失必然会损害人民群众的健康权利，有可能使信用危机蔓延到全社会，因为与每个人性命攸关的医疗卫生事业的诚信缺失，必然败坏社会健康机体，危害公众利益。

第二，影响社会价值观，酿成社会矛盾。医保诚信缺失是对人的生命权力的亵渎，凡是医保诚信缺失的地方，往往也是社会矛盾比较突出的地方。发生在一些地区医保领域里的凶杀案、医闹等事件，大多都有着医患利益冲突的深厚基础。应该纯洁的医患关系，之所以发展到如此地步，最直接的原因，是医保诚信缺失造成的。

第三，加剧医患关系冲突，影响医疗秩序。医患之间的相互信任与合作，既是医生顺利诊疗的前提，又是提高患病治愈率的基本保证。但是在当下，由于多数医疗机构实行医生收入与所谓工作业绩"挂钩"，即门诊量多、检查费用和药品费用高，奖金就高。甚至有些医疗机构把医生门诊量、

---

[1] 张欢. 我国社会保障制度的诚信缺失与重建[D]. 河北大学, 2008.

处方收入与医院和医生的工作业绩挂钩，造成看病难看病贵等局面，使人们特别是患者对医生、医院的评价不好，进而影响医患关系。可以说，医方篡改病历引发的医患冲突屡见不鲜，比如，2002年5月，山东威海一个叫张劲松的患者，右腿膝盖因车祸受伤，山东某医院经历了7次手术以后，他的右腿踝部以下被截肢。张劲松手头保留着该医院的两份病历。自己托熟人偷偷复印的和医院提供的复印件存在明显差别。按照医院篡改后的医疗证明，医院可以不承担任何责任，而按照修改前的病历记载，足以证明是医疗事故造成截肢。[1]患者对医院的不信任，是医患矛盾的根源所在。可见，提高医院在患者心目中的诚信度是缓解日趋严重的医患矛盾的关键。

第四，引发骗保行为，浪费医疗资源。"骗保"欺诈的手段大致有以下几种：即医疗机构骗保，参保人员与医疗机构"合谋"骗保，参保人员弄虚作假骗保，医疗机构不严格把关骗保，涂改伪造医疗账单或其他相关资料骗保，医生采取过度的或不必要的治疗骗保，伪造或夸大医疗事故骗保等。通过实地调研发现，医保领域骗保行为主要有以下几种形式：一是患者或医生，以欺骗或胁迫等手段重复开药、超量开药；二是为获取不正当利益，转卖医疗保险基金报销的药品；三是采取涂改、伪造医疗保险票据、病历、处方、医疗文书等手段获取非法利益；四是转借社会保障卡给他人使用，或使用他人社会保障卡获取医疗资源；五是冒用他人姓名住院骗取医疗保险基金等。[2]由于以上几个方面的原因，骗保给医保基金所造成的损失极为严重，占比年度医保基金支付总额逐年增加。

第五，诱发防御性医疗过度的出现。防御性医疗也叫防卫性医疗，是指医院所做的诊断和治疗，不是从实际病情需要出发，而是推脱责任，自我防御而不顾患者实际需要所做的各种不必要的化验、检查，回避高危病人手术及难度较大的特殊处置，回避收治高危病人。防御性医疗不断出现，造成了医疗资源的严重浪费和医疗诚信严重缺失，医患互不信任、互相戒备心理不断强化，医患诚信缺失不断加深。在防御性医疗严重期，医生为了逃避责任，过于依赖仪器检查，简单病情复杂处理，无形中加重了患者的负担。也有一些医生为避免少数患者及家属的纠缠，对一些手术或较大的处置，完全

---

[1] 谁来为患者"保驾护航"[EB/OL]. http://news.xinhuanet.com/focus/2004-03/30/content_1390016.htm.
[2] 王春梅. 防范基本医疗保险欺诈问题研究[D]. 天津师范大学, 2012.

以客观立场对待病情，不加任何主观引导和建议，把所有可能出现的情况，完全推给病人，任病人自主选择，使医生在治病过程中无任何把柄可抓，以逃避责任而不顾患者。以医生和医院利益为重的防御性医疗浪费了大量的医疗卫生资源，成为造成看病贵的主要成因之一，也严重影响了医生主观能动性作用的发挥和临床医学的发展。医生与患者的语言沟通少了，医生的防御性书面语言增加了，对已经开始淡化甚至恶化的医患关系更是雪上加霜，医生对待患者的态度更加冷漠。

第六，助推道德风险进一步恶化。事实一再证明，医保领域道德风险的存在，是加剧医疗价格攀涨、导致医疗费用激增、影响稀缺性医疗资源合理配置的重要因素，同时道德风险也破坏了社会医疗保险基金的安全和稳定，使医保制度运行遭到巨大威胁。医保领域中的道德风险主要表现在三个方面：一是需求方的过度消费，导致医保资金不合理支出过大；二是供给方的诱导需求，导致医保资源的过度浪费（医疗行业的特殊性，决定了医生或医院利用专业优势诱导消费者过度消费的可能性成为现实）；三是医患合谋共同制造道德风险，诸如盛行一时的人情方、营养方、大处方等违规操作大肆泛滥，成了造成一些地区医保基金规模急剧萎缩的主要原因。

包括药品生产和销售企业在内的药方的诚信缺失问题，也会给医保基金的安全运行造成不可估量的损失。个别药企（药品生产和销售）存在比较严重的失信问题，比如药品的安全问题，既是关系到人民群众的生命质量、生活质量的大问题，也与国家形象、民族兴衰、公众生命安全和社会稳定高度相关；药企过度追求利润导致药品价格暴涨，早已成为医保改革以来发生"看病贵"的重要因素。尤其是药企的民营化使我国医疗保障体系和医保基金的正常运转带来巨大挑战。

5.2.3 构建医保需求方诚信体系的重要性

医保需求方包括参保患者及其家属。从理论上看，当需方按规定向医保部门支付了一定数额的保险费之后，他们就医时就不必再缴费，由此形成了第三方支付制度：由承保的医保公司承担一部分或大部分医药费用。在这种情况下，医保消费者往往形成一种错觉，似乎医疗消费与个人缴费没有多大关系，由此造成需求方很少或没有"成本"意识、节约意识，过度消费医保资源问题也就难以避免，并且这种过度消费一直持会续到边际成本等于边际收益的情况下才能结束。可以说，医保患者及其家属费用方面的"零支付"对其消费倾向形成的"激励"效应，既浪费了医疗资源，导致了有限的医疗资源与无限增长的医疗需求之间的基本矛盾更加难以解决，又加重了社会负担，以致造成医疗资源配置的无效性，使整个医疗保险制度的安全运行受到严重威胁。

由于需方缺少诚信自律、欠缺资源节约意识，常导致一些人错误地认为花多花少与个人缴费无关，往往不论病情是否需要，一概要求医生只管多开药、开好药，甚至无病看病、小病大养，拿医保卡到定点医院、药店开药、兑换补品、生活用品等，同时还存在一些生病住院的医保患者要求医方进行这样那样没必要的检查，造成了大量医疗资源的浪费。

另外，参保人员往往容许非参保者使用其医保卡就医、购药，此种现象也较为普遍。由于参保人员的自付比例不同，国家补贴标准不同，必然会诱导出现高自负比例消费者冒用低自负比例低消费者的情况，由此导致少数非参保人员使用参保者的医疗卡就诊的违规行为屡禁不绝，出现吃"大锅药"、一人参保全家享用等现象。

最难治理的是医患合谋制造的道德风险。在利益驱动的作用下，供给方有诱导需求的意愿与能力，需求方则有过度消费的愿望。两个方面产生挤占国家医疗资源的一致倾向，使医患合谋具有可能性。而医保机构作为付费的第三方，因其对治疗的必要性很难判断，特别是缺少监督的、宽松的外部环境，使医患合谋也由此变得难以治理。近年来，我国部分省本级和地市发生的诚信缺失情况比较严重，比如，据扬州、杭州、烟台、南通查处的违规欺诈医保行为涉案保险金额高达百万元以上，其中最为严重的扬州市，查处违规金额高达890万元，占医疗保险基金总额的2.3%。"骗保"等违规现象，加重了管理难度，也使医保基金遭受巨大损失。针对定点医疗机构构建医保评价指标体系，是增强管理力度，有效规避医保违规现象的重要举措。

众所周知，由于我国医疗卫生事业投入不足，需要医院自筹部分基金才能维持医院的生存和发展，医院也由单纯的公共福利部门转变成了独立的经济体系，所以医院有创收的积极性，主观上难免产生诱导需求的动机与需要。医生为达目的而采用的诱导消费的"策略"，往往与国家有些政策规定相关联。

5.2.4 构建医保管办部门诚信体系的重要性

社会保障的责任主体是国家及其主导下的政府相关管理部门，医疗保险也不例外。政府诚信的高低对个人诚信产生约束效应，公众对政府信誉的主观评价或价值判断，是政府诚信的晴雨表，这其中民众对政府整体形象的认识、情感、态度、情绪、兴趣、期望和信念等，是构成政府诚信的基本信息，也能够折射出民众对政府行政自愿支持的总体情况，为减少政府公共管理成本、提高公共行政效率奠定基础。政府诚信是"金字招牌"，对社会诚信具有引领甚至决定的作用，任何一级政府都是社会组织和民众的表率。但是近年来由于一些地方政府部门"朝令夕改"，导致一些地方政府陷入"不说被质疑、说了没人信"的尴尬局面。经验证明，如果政府忽视对民众的承诺，就会造成诚信危机，淡化政府信用，从而催生诚信问题。

在医保领域，政府的诚信危机主要表现在以下几个方面：

一是政府不作为或乱作为，说话不算数，医保资源调控失灵。医疗保险制度改革是最艰难的改革，三十多年来成效不明显，用国务院发展研究中心社会发展部葛延风部长的话说，医疗保险制度改革基本不成功。最近一个时期主管部门官员提出的让离退休职工也要缴纳医疗保险费用的主张：从养老金中拿出部分资金充实个人医保基金，违背了以往的政府承诺，也违背了社会保障的基本原则，是比较典型的失信于民的主张，势必使政府公信力遭受损失，减弱群众对政府的认同感。

二是政策调整过于频繁，计划没有变化快。任何政策的出台，都是一件十分严肃的事情，但我国一个时期以来存在政出多门的问题，由不同职能部门立意提出（虽经司法局上报人大批准）的政策，难免受部门利益、部门局限片面性的影响，出现政策冲突，不得不调整、停止甚至废除某些政策，给公众造成"朝令夕改"的印象。因此，医保政策是刚性政策，不容许轻易改变。

三是个别官员为彰显任职期间的所谓"政绩"，报喜不报忧，夸大成绩，掩饰问题。比如个别农村卫生院，基层政府官员为了体现发展新农合的业绩，编造95%以上的农村居民参加新农合的虚假登记表，以应付检查。政府个别工作人员懒政、不作为也是造成失信的基本原因。

政府个别部门隐含的自利性，主要表现为内部机构利益的外化和个别官员为实现一定利益而采取的自利行为，对形成政府诚信危机有相当程度的影响。按照亚当·斯密的观点，在一定环境条件下，政府部门也有自利性，即政府部门和市场主体一样追求利益最大化，尤其是个别政府官员在权欲、物欲的驱动下追逐自利性倾向，往往会造成人性的扭曲，做出违背公众利益的失信行为，诸如挪用、侵占医保基金等。本来"政治代理人是人民公仆"，但在个别人身上，其该有的道义精神与其实际表现总有或大或小的差距。个别官员在自利性驱使下，把医保作为交易行为进入公共行政领域，导致公共权力的行使方式被扭曲，进而使作为公共代理人的政府医保部门与医方、需求方的信托关系遭到破坏。

5.3 社会医疗保险诚信体系建设相关经验借鉴

国内外的相关实践经验显示，诚信作为一种社会资本在规避道德风险问题的过程中能够起到十分重要的作用。对国内外的相关实践经验进行借鉴，对建构社会医疗保险诚信体系、防控道德风险等理论和实践工作均具有重要意义。由于医疗保险制度改革涉及国家、医疗单位、医药企业和患者等多方利益，责权利关系复杂，改革难度大。在定点医院、定点药店、医生、患者以及经办管理机构之间建立相互依托、相互监督、良好和谐的道德准则和规范，对于促进医保制度平稳运行，更好地保护公众医疗权利，提高人民的健康水平，都具有极为现实的积极意义。国内外经验一再证明，医院、医生、患者、药企、医保管理部门，是相互依存的利益共同体，构建医疗领域诚信体系，是有效维护这一利益共同体共同利益的明智选择。

5.3.1 社会医疗保险诚信体系建设的国内经验

鉴于非对称信息和道德风险隐患只能尽可能限制而不可能完全消除，社会医疗保险道德风险规避离不开相应的制度机制，通过鼓励诚信行为、惩戒失信行为以促进制度参与主体主动规避道德风险。社会诚信作为一项重要的社会资本和中华文化传统美德，是进行社会医疗保险道德风险问题治理的极佳工具，而我国部分省市已经在实践工作中运用了诚信的管理理念来构建相应的管理制度，对运用诚信来规避社会医疗保险道德风险进行了卓有成效的探索。

5.3.1.1 天津市医疗保险诚信体系

天津市是我国最早尝试进行医保诚信体系建设的城市之一。天津市医疗保险诚信体系始建于2005年，从建立至今在不断地完善制度中已经走过了12个年头，是我国社会医疗保险诚信体系建设工作的先驱和开拓者，其所取得的制度建设经验和管办经验为我国社会保障诚信体系建设提供了大量经验基础。

天津市医疗保险诚信体系主要包括三个部分，即两定单位（医保定点医院和医保定点药店）诚信制度、医生诚信制度和患者诚信制度，并在其中使用"黑名单"机制对存在违规和失信行为的个体进行重点跟踪检查和监控。在两定单位诚信制度中，通过科学设计监督机制、考核指标等措施对两定单位的信用等级进行评定，并据此进行动态的分级管理并对社会公开，对于诚信水平较差的两定单位暂缓续签社会医疗保险服务协议，取消诚信水平极差的两定单位的医保定点资格。在医生诚信制度中，通过建立执业医师信誉档案、采取积分淘汰等制度进行诚信管理，对未能达标的不诚信医生取消其为医保患者提供医疗服务的资格，对诚信水平极差的医生列入诚信黑名单进行重点跟踪监察。在患者诚信制度中，对有不诚信行为的参保人员列入诚信黑名单进行重点跟踪监控，对违规骗取医保基金等情节严重者给予停止其享受医保待遇的处罚，对情节极为严重者追究相关法律责任。[1]

天津市医疗保险诚信体系在其建立之初即已经显现出明显的制度成效。据有关资料显示，以某三级医院为例，在实行"信誉等级考核"的2006年1至11月份，该医院共查出冒用医疗卡和挂名住院144人，2007年1至11月份，在加大稽查力度的情况下查出63人，比去年同期下降56%。除此之外，天津市医保信誉体系的运作对不同信誉等级医疗机构的经济收益和社会声望产生了显著影响，使参保患者的医疗权益得到进一步保障，并促进形成多部门联动的长效机制。[2]

需要指出的是，天津医保信誉体系是依据实际需求来设计的，虽能在一定程度上满足天津市医保经办机构的实际管办需求，但仍然因缺乏理论支撑而导致体系设计欠缺科学性和系统性，存在进一步完善的空间和必要性。

---

[1] 天津市医疗保险诚信体系正式启动实施[EB/OL]. http://www.circ.gov.cn/web/site35/tab2037/info19985.htm.

[2] 王建. 社会医疗保险中的道德风险及其规避研究[D]. 天津大学, 2008.

5.3.1.2 吉林省吉林市社会医疗保险社会化监督机制

吉林省吉林市自2012年起全面展开社会医疗保险的社会化监督管理机制建设工作，通过组建社会监督员队伍、建立网络化的信息监控平台等措施形成卓有成效的社会医疗保险道德风险监督机制，对保险欺诈、医保失信等不当或违规、违法行为形成立体化的监管网络。

吉林市医保社会监督员机制始建于2010年，最开始仅有30位监督员。2013年《吉林市社会医疗保险定点医疗机构定点零售药店社会监督管理办法》出台后，医保局又出台了《社会监督员管理办法》，在吉林市聘请500名来自社会各界人员对医保进行社会监督和管理，包括离退休干部、人大代表、政协委员、机关单位人员、社区书记主任等等，发证后通过媒体做宣传。近年来明察暗访超过600人次，通过书面、电话等方式进行举报或提供违规相关情况，对医保管理工作带来巨大帮助。每年年底举行年终述职公开问责大会，所有医院面向社会监督员进行述职，由社会监督员进行问责，并聘请媒体参加进行舆论监督。对排名靠后的两定单位进行末位淘汰，撤销其进行医保服务的资格。在信息化管理方面，吉林市医保局不仅用了东软的信息平台进行监控，还与平安保险公司合作开发"一路平安网络监控系统"，两套系统的并列运行使医保运营过程的事前、事中、事后均能被纳入监督和管理，形成无缝式信息监管。

吉林省吉林市医保局采取的一系列工作有效地规范了社会医疗保险领域的相关行为，并积累了大量经验。仅2013年年中的一项反欺诈综合行动中即收缴倒卖医保药品170多个品种，总价值128万元。2013年处理双定违规单位83家，拒付不合理的违规费用198万元。2014年共处理双定违规单位89家，拒付不合理的违规费用65万元。截至调研团队于2015年8月赴吉林市考察时，2015年共处理双定违规单位133家，拒付不合理的违规费用57万元。

5.3.1.3 吉林省四平市社会医疗保险约束机制

吉林省四平市社会医疗保险管理局自2009年起即采取一系列措施加强对医保领域失信行为的约束，从基金安全、协议管理的角度坚持约束机制的有效运行，与多方配合促进医疗诚信水平的稳步提升。

吉林省四平市医保局自2009年起，采取聘请社会监督员、聘请医疗咨询专家、百分制考核等机制对两定单位进行管理或协助管理。四平市医保局从医保服务对象中选取200多人，对两定单位及医保经办机构进行社会化监督，包括制度、经办、个案等层面。采用社会监督签、社会评价器等方式增加对诚信的管理。这些特聘的社会监督员的选拔基于自愿原则，在此基础上多聘用具备一定监督能力和水平的来自四平市72个社区的社区主任、居民、离退休干部等。在这种监督社会化的基础上，四平市医保局通过每年进行万人问卷调查、评价器等办法进一步对两定单位的服务质量等诚信水平进行百分制考核，对在考核中获得90分以上的定点单位授予"人民满意定点医院/药店"荣誉称号，对得分介于60～90之间的单位视其诚信状况处以扣除保证金等处罚，对低于60分的定点单位取消其定点资格，与此同时将相关信息及时通过媒体公开信息，使民众能够清晰地了解各定点单位的诚信状况以便在就医前进行参考。此外，四平市医保局还通过规模不一、形式不一的述职活动督促两定单位提高自身管理水平。

吉林省四平市医保局认识到医保经办机构在医保管办过程中同样存在道德风险，因而在协调医保经办机构与两定单位关系的方面，吉林省四平市医保局采取聘请医疗咨询专家等方式确保管理和沟通能够有效进行。尽管两定单位和医保经办机构之间属于协议关系，但实际上医保经办机构的话语权要远大于两定单位，而鉴于医疗工作具有很强的信息壁垒，在某些较为专业的问题上由医保经办机构进行决策显然缺乏科学性，如一本病历是否达到住院标准、某种药物是否应该使用等情况，而医疗咨询专家能够从较为客观的权威角度进行协助确认，能够使医保管理机构的决策公开化、透明化并确保科学性与合理性。

5.3.1.4 对国内经验的评价与反思

上述各省市、直辖市的社会医疗保险道德风险规避机制建设均在不同程度上体现了将诚信这一社会资本运用于道德风险管理无疑具有显著的效果，社会医疗保险诚信体系建设不仅是国家的制度建设需要，更是符合现实需求的时间需要。

当前我国各省市、直辖市的社会医疗保险管理工作中均对诚信建设、信用建设做程度不一的要求，结合上述部分城市医保局的建设经验，可以看出当前的社会医疗保险诚信体系构建仍存在许多问题和不完善的地方。

首先，社会保障诚信体系建设先行的背后是对社会医疗保险诚信体系结构的理论研究极度匮乏。笔者通过查阅资料，发现在理论层面极度欠缺对医保诚信体系结构的理论分析。在我国国家政府明确指出建设社会保障诚信体系的目标的同时，我国社会保障理论研究学界在这一方面的研究还几乎是一片空白，仅有为数不多的研究中对社会医疗保险诚信体系的体系结构进行了理论层面的探讨和分析，如天津大学王建于2008发表的博士论文《社会医疗保险中的道德风险及其规避研究》，而这一研究成果距今已经过去近十年之久，其间更经历新医改等诸多变化。与十年前相比，我国社会保障诚信体系建设已经于近年来在各地方开始着手进行设计和建设，但却面临着相关理论研究匮乏的问题，缺乏理论支撑和指导的制度建设不仅存在形式、结构参差不齐的问题，更存在某些结构性风险，威胁着我国社会保障诚信体系的基础，这种实践先于理论的做法虽然能够解决燃眉之急，但存在着未来可能面对的诸多隐患。

其次，社会医疗保险诚信建设体系化水平较低。除天津等极少数城市外，目前多数地方刚刚投入医保诚信体系建设的时间较短，在缺乏理论指导的情况下，许多地方对体系化的制度建设目标理解不够深入，现有的诚信体系往往不能兼顾到方方面面的需求，使得某些地方的诚信体系本身存在漏洞。这样做的缺陷在于难以有效地建设社会保险诚信体系，往往需要在遇到困难的时候再行研究并补充制度，这就极易造成新的制度陷阱，使社会医疗保险诚信制度体系陷入碎片化的泥潭。如果一个旨在促进诚信的制度体系本身难以全面有效的构建起来，在运行过程中出现的问题将反过来对诚信体系造成影响，使民众对制度的信任度降低。

第三，对社会医疗保险道德风险问题的认识仍有待加强。在一些地区，尽管当地医保局试图通过建立起相应的机制对社会医疗保险交易市场中存在的道德风险问题进行管理，但由于缺乏对社会保险领域内生道德风险机理的深入了解，这些未形成体系的管制措施很可能在其设计之初就偏离了正确的建设方向，从而导致在实践层面出现一些意想不到的问题和矛盾。

5.3.2 社会医疗保险诚信体系建设的国际经验

英国的社会医疗保险采用普享模式，而其在规避道德风险方面主要采取的是引入竞争机制对医疗供给方进行约束，对需求方采用分级转诊制度逐级分配医疗资源从而使之得到优化。在英国，始建于1944年的NHS（National Health Service）即英国国家医疗服务体系承担着保障全英民众享受医疗资源的重任，该体系的资金来源源于民众依照统一标准缴费以及政府税收拨款这一体系实行严格的分级诊疗体系，由包括家庭全科医生、牙科医生、药房等在内的基层一级保健和以医院为主的二级保健两个主要层级结构，而大约有四分之三的医疗资源被用于基础层级。基础保健层级的全科医生通过与NHS签订劳务合同方能获得为民众服务的营业许可，在英国，全科医生是私人营业者。他们通过全科医生协会与地方NHS（英国国民健康体系）机构签订医疗提供合同，可以单人或多人联合开诊，为某一特定地区的居民服务。在NHS制度下，全科医生的服务态度、服务水平直接和其经济利益挂钩，因此全科医生通常在提供服务方面比较主动，积极和患者建立良好的关系，很少出现医生惹恼患者的事例。NHS对全科医生实行按人头付费。患病时，除非是急诊，否则患者必须先到全科医生处就诊，只有在全科医生认为病情严重确有必要转诊的情况下，患者才可以到医院就诊。这样就有效地控制了医疗费用节约了医疗资源。[1]以医院为主的二级保健层级承担着急诊、专科诊治、手术治疗、住院治疗等医疗服务供给责任，NHS支持私营医院参与到二级保健的医疗服务供给市场中，且允许私营医院与公立医院签订合同来承担部分医疗服务，在医疗服务供给市场中塑造良性的竞争环境。尽管NHS对医疗支出的控制已经做得十分出色，但由于英国作为福利国家承诺为百姓提供高福利的社会保障供给，民众往往只需要花费较少的费用即可享受到医疗服务，由此使得NHS面临着极大的资金压力。

美国公共医疗保险制度是世界上市场化比重最高的医保制度之一，其社会医疗资源供给主要由私营健康保险提供，而公共医疗保险则在其中起辅助作用，主要承担老年、残障、儿童、军人等弱势或特殊群体的医疗需求。这样的制度设计具有鲜明的市场化特点，由于多数民众需要自掏腰包购买医疗保险，因此在保险契约中形成的委托代理关系经过市场环境不断的优胜劣汰和锤炼造就了美国社会非常成熟的合同机制，更兼美国发达的社会信用体系，使得美国医疗保险市场的道德风险管理达到了很高的水平。美国是世界上信用管理行业最发达的国家，其发达的信用信息系统、完善的信用法律体系、规范的信用评估机制等一系列机制组成了美国高度发达的社会信用体系。美国的信用管理服务几乎全部由私营机构提供，对美国社会中的个人征信、企业征信进行管理。美国社会日常生活高度依赖信用体系，有着失信记

---

[1] 王建. 社会医疗保险中的道德风险及其规避研究[D]. 天津大学, 2008.

录的个人在社会上几乎寸步难行，而这种高度发达的社会信用体系无疑极大地限制了道德风险隐患。我国的社会制度和经济体制与美国存在较大差异，在社会医疗保险制度已经基本建设成型的情况下，不宜盲目效仿美国以私营医保供给为主的医保体制，但美国社会信用体系在其中所起重大作用值得我们深入研究和学习，与之相比，我国社会信用体系的建设才刚刚起步，任重道远。

德国是现代社会保障制度的诞生地，其社保制度体系拥有十分健全的法律体系以及费用控制机制。社会医疗保险制度体系在组成方面与我国较为类似，由国家法定强制保险和私营保险组成，前者覆盖了超过90%的人口，而整个医保体系的覆盖率高达99.8%。在规避医保道德风险方面，德国采用政府立法、专业协会自律等方式对社会医疗保险进行法治、运营等不同层面的监督和管理。在行政管理方面，无论是德国联邦政府还是各州政府都不参与医疗保险的具体事务，其主要职责仅限于制定法律框架、制定医疗卫生事业的发展计划和实施有效的监管。[1]相较之下，我国的医疗保险管理体系显得纷繁复杂，城镇职工医保、城镇居民医保、新农合、医疗救助等又多个部门分别进行管理，严重降低了管理效率，多部门之间的协调必然需要更多的时间和空间，从而为道德风险提供了发育空间。在制度运行管理方面，德国成立了大量的专业自治协会，包括主要负责医保基金管理的全国法定医疗保险基金协会，主要负责医疗服务供给服务管理的医院、医师、药剂师、牙医等自治协会，主要负责跨部门协调的联邦联合委员会，此外德国还建立了由联邦联合委员会组织的集体谈判模式，使各个领域的自治协会能够就相关问题同意协商并签订对所有成员均具备强约束力的统一协议。[2]上述行业自治协会政府的统一监督下自行对行业内部进行监管，这样的管理办法不仅加强了管理效率，更由于行业协会具有相当程度的专业知识，其对行业内部的监管常常具有政府机构所不具备的专业眼光，能够更为清晰和准确地对监管对象的行为进行研判。相较之下，我国医保各个相关领域的监管几乎全部依靠政府机构进行管理，政府的过多参与不仅缺乏专业性，更影响了正常的市场竞争，同时还催生了贪污腐败等隐患。

---

[1]　陈竞爽.德国医疗保险制度及其启示[J].现代经济信息, 2016(11).
[2]　陈竞爽.德国医疗保险制度及其启示[J].现代经济信息, 2016(11).

日本社会保险制度实施"国民皆保险"的制度建设理念,并在日常管理中十分注重宣传工作,且较为注重制度变革对社会信任的冲击。日本是全世界最早推广"食育"教育的国家,通过"食育"提高身体健康水平在日本可追溯至19世纪,在1896年由日本著名养生学家提出该概念,日本政府则在2005年颁布《食育基本法》将食育以立法形式在全国推广,从中小学教育到家庭宣传进行全方位的普及,使民众养成良好的健康保健意识,提高了人们主动保护自身健康水平的主观能动性。反观我国的教育体系中却几乎没有专门的健康保健课程,中小学生甚至大学生被繁重的课业压力几乎完全忽视了对保健知识的学习,未能培养起良好的保健意识。更严重的是当前在微信、微博等网络存在大量的保健谣言,由于我国民众缺乏科学的健康教育,导致民众盲目相信这些广为传播的伪科学和谣言,造成大量的健康隐患,最终使得社会医疗保险基金为这些本不该产生的健康隐患买单,由此可见政府主导进行正规健康宣传的重要性。此外,日本政府在制定社会保障制度改革规划时能够顾及改革对社会公平性及制度信任水平的影响。例如日本共产党议员代表小池晃曾在2005年4月14日日本参众两院"关于养老金制度等社会保障制度改革"共同会议上批评指出,政府最近在养老金、医疗和护理等社会保障领域实施的所有改革,实际上都是增加负担、减少支付的改革,给国民现在和将来的生活带来了很大的不安,把社会保障费用增加转嫁给一般国民的做法是不公平的,应该通过精简财政、压缩不必要的预算开支,根据负担能力,增加大企业、高收入者或者大资本家的负担比例,解决财源问题,这样才能恢复国民对社会保障的信任。[1]我国医疗卫生领域的改革过程应当在制度层面追求改革效率的同时兼顾公平,维护社会医疗保险制度的社会信任水平是改革过程中不容逾越的红线,任何制度革新均不应以牺牲民众信任为代价,因为信任一旦受损,要恢复远远难于恢复经济损失。

---

[1] 宋金文. 日本医疗保险体制的现状与改革[J]. 日本学刊, 2005(03).

第6章　诚信体系：医保道德风险防控的实践需求

我国社会医疗保险领域诚信问题由来已久，成因错综复杂，治理难度很大。其不仅与非对称信息及道德风险问题直接相关，更受我国社会传统文化、医疗服务商品区别于其他的特殊性等因素的影响。只有弄清根源，综合治理，突出重点，对症下药，实行标本兼治，从源头上解决问题，才能构建合理的医疗诚信体系并藉此有效防控医保道德风险，提高医保诚信水平。

我国社会医疗保险制度参与主体数量众多，构建科学的、有效的医疗诚信体系不仅应当从理论层面进行研究和探索，还应当从制度实践层面了解道德风险防控的实际需求。本章通过梳理吉林省诚信体系建设研究调研过程中来自医保制度运行一线相关单位的意见与建议，指出构建诚信体系以防控道德风险、治理失信乱象是医保实践工作的紧迫需求。

6.1　医保诚信体系有助于满足医保运行一线的实践需求

长期工作在医保一线的管理人员、医生、患者是医保政策效果的直接感受者，他们的意见和建议值得关注，可作为建构医保诚信理论体系、节省医疗资源、提升诚信度、促进医疗体制改革的可靠参考依据。

吉林省社会保障诚信体系建设研究调研团队采取召开座谈会、深度访谈、问卷等调研形式，深入地了解了医保官办机构、医保相关部门、两定单位等各方面对医保改革和诚信体系建设的意见和建议，调研涉及吉林省两城市及其下辖部分县共27家医保定点医院、151家定点药店，先后共计发放三种相关调查问卷超过4 500份并回收有效问卷4 250份，与60多家医保相关部门、机构、单位及上百位代表先后举行了11次专项会议，获得大量的一手宝贵资料和数据，能够较为全面的反映当地医保诚信问题现状，并具有一定的代表性。从中汇总出的来自医保基层的建议能够为医保诚信体系建设提供切实帮助，值得我们予以高度重视。

6.1.1 医保管办机构的实践需求

诚信关系到所有医保参与主体，医保经办机构的诚信同样受道德风险影响。对于"两定"单位和医保经办机构，在管理过程中应一视同仁，同时应采取一系列措施，确保医保相关单位在制度设计、协议签订、恪守诚信等方面的相互约束作用能够得以不断加强。

医保局实际负责的工作范围与其行政定位存在偏差。医保局属于事业单位，但却在实际工作中行使许多政府职能。让其发挥监督作用，存在很大困难。在医保行政管理层面，由于医保行政级别相对较低，因而在人事配备方面往往难以满足完成繁重工作量的需要。

概念界定、行政立法与管理、制度规定之间的契合度不足，对诚信影响颇深。我国在推行社会保障政策时存在理论方面的问题，主要体现为概念、立法、行政文件之间存在部分矛盾，由此对制度诚信造成影响。如在概念界定方面，现代社会保险制度理论体系指出社会保险应具有非营利性、公益性、福利性等特性，《社会保险法》中也未提到营利性。而上级政府出台下发的行政文件中却提出社会保险可有"微利性"，并在其中指出社会保险与商业保险合作的必要性和可能性，由此造成的概念方面的矛盾令人费解，给政策执行带来了困难。此外，医保基金交付商保运营所致的不信任、《社会保险法》可操作性较低且无相关司法解释等，均体现了当前社保制度的各个体系之间存在契合程度不足的隐患，并在实践层面导致诚信缺失问题频频出现。

医保经办机构在医疗改革中面临尴尬局面。我国在医改过程中将很多压力压给医保，虽然医保经办机构应当按照上级指示完成相应任务，但仅仅依靠医保经办机构来解决医疗体制改革过程中所面临的问题仍有不小的难度。在医疗卫生体制改革过程中，以医保经办机构作为杠杆来平衡医院、药厂、材料商、患者等多个主体的利益，显然难度巨大。

基层卫生医疗机构改革不切实际。硬性要求将医保基金全力支撑基层卫生机构改革并向基层诊疗机构倾斜，这与医保基金管理出现矛盾。尽管政府指示医保向基层倾斜巨额资金，但在京沪等地以外地区，由于基层卫生医疗机构基数庞大，导致设备、医师水平等方面难以得到质的提高，最终使得财政投资无法产生预期效果。此外，基层卫生医疗机构改为全额补贴，由国家财政全资负责其支出，其财政形成收支两条线的结构。由于统一招标采购反而提高了药品成本，基层医院就医患者数量极少等因素，导致基层卫生诊疗机构只进不出，几乎无法自负盈亏。

应出台相应管理办法对失信行为进行适当的监管和惩治。对机构及单位的失信行为，应依据相应的法律法规有理有据地进行监管和惩戒。对个人参保者的处罚应视具体情况区别对待，对屡教屡犯者应依据有关规定加重处罚，对自觉自首、态度良好的违规个人应予以减免处罚，以树立榜样，促使民众自觉规范参保行为。

应重视宣传教育工作，采取多种形式加强诚信宣传教育，普及社保制度理念及运营准则，明确各方权利及责任，铲除产生医闹等制度根源，改善医保制度运行环境。

6.1.2 医保相关部门的实践需求

医保相关部门的实践需求主要体现在以下几个方面：

第一，应依法建立诚信体系，以德促进诚信水平。一方面从法制层面制定出相关的法律、制度，督促大家讲诚信。另一方面加大宣传和正面引导力度，树立讲诚信光荣、失信可耻的行为规范，逐步形成遵守诚信的良好社会氛围。形成既有法律的硬约束机制又有舆论道德的软约束机制共同发挥作用的局面，确保诚信体系建设顺利进行。

第二，应建立诚信监督机制，对包括政府机构在内的医保各参与主体的行为进行有效监督和管理；建立个人诚信档案，作为评判个人诚信水平的重要参考；建立信息共享平台，对失信行为进行跨部门监管，成型联动。

第三，应建立信息发布平台，使民众能够直观的了解机构、两定单位的诚信水平及服务水平，为百姓提供必要的医保制度讲解服务，减少信息不对称带来的困扰。

第四，应建立诚信约束机制，引导社会成员养成诚实守信的良好行为习惯，提高失信成本，对失信行为要及时阻断和适度惩戒，让责任主体不敢失信、不愿失信。

第五，应解决经济欠发达地区医务人员招聘难问题。医院属于差额拨款单位，基层医疗单位难以吸引人才，服务水平难以提高，分级诊疗难以进行。当前我国医疗资源过度向大中城市聚集，基层享受到的人力资源、财力资源很少。尽管目前国家已向基层卫生医疗机构投入巨资，但由于基层卫生医疗机构基数庞大，且受限于体制结构，导致资金投入无法回流形成良性循环，不但未能解决基层医疗供需矛盾，还浪费了大量资源，解决基层特别是偏远农村地区缺少高素质医务人员问题迫在眉睫。

第六，应从诸多制度因素入手解决看病难看病贵问题。看病贵问题的责任不在医院，多年来医疗费用急剧上涨，尽管近年来政府医疗卫生事业投入资金逐年提高，但无法赶上医疗费用上涨的速度。医保药品目录更新速度慢，与药品更新换代的速度快形成巨大落差，新药特药无法进入医保领域，只能由民众自己承担医疗费用。

6.1.3 医院的实践需求

医患矛盾等问题的成因十分复杂，信息不对称并非唯一诱因。险种交叉地带缺乏制度指导、住院时间硬性限制、缺乏门诊统筹体系等因素，均有可能成为医患冲突的导火索，我国国民素质及自身诚信水平、民众文化水平及法律意识对医患矛盾的产生同样有很大影响。此外，不论医院、患者还是政府，常常仅站在自身利益角度考虑问题而不顾及他人感受，遇事时首先想到的是问责和推卸责任，而不是依据规则流程办事，这极易导致医患矛盾和纠纷。

我国医疗卫生服务体系亟待建立分级诊疗制度。看病难是到大医院看病难，由于医疗资源配置过多倾向于医疗基础好的大医院，患者涌向大医院就医，造成看病拥挤。尽快建立分级诊疗制度，是解决看病难问题的重要措施，但分级诊疗的前提要求政府医疗资源的配置，要向基层医院倾斜，解决基层医院缺医少药问题。目前基层医疗卫生机构医疗资源过于贫乏，国家还应大力培养全科医生，将其安排在基层医疗卫生机构执业，加强对基层医生的业务技术培训，提高基层医生的生活待遇，使基层医生能够安心于基层，逐步取得人们的信任，实现分级诊疗目标。

当前大型公立医院属于差额拨款，取消"以药养医"不现实。医院都是自负盈亏，药品收入在医院总收入中占很大比例，一些基层二甲医院，大多靠"以药养医"维持医院开销，与医院的经验理念和医生的道德品质无关。医院属于企业化管理的事业单位，无论是医院还是医生个人，都要在商业化管理下追求利润，以维持生存和发展。

应借鉴日本采取分段诊疗模式，长期慢性病稳定后应回到社区进行治疗，避免集中到三甲医院占用大量医疗资源。日本医疗制度规定，处于急性期间的患者，可以在综合医院接受治疗，急性期过后进入急需要医疗服务又需要看护的类似康复院这样的平台继续治疗，之后患者可以选择回家或回到社区接受康复治疗。

6.1.4　药店的实践需求

来自药品销售方的被访者提出的建议是：对收药、倒药、医保套现等不诚信和不法行为，应提高失信成本，加大监督惩处力度。药店代表们所提出的意见主要集中在以下几个方面：首先，对不诚信经营的药店，应给予相应处罚，避免其不当行为对正规运营环境的污染和冲击；其次，调整现有药店经营政策，不允许药店经营非医疗用品，堵塞漏洞，按照现有药店允许经营其他商品的政策规定，刷医保卡购买其他物品的现象的不诚信问题必然存在，要突出药店经营的专一性，坚决取缔非法经营非药品药店；第三，个体小药店在无序竞争方面存在极大的可操作空间，是扰乱药品市场的基本因素，建议政府鼓励发展连锁药店；最后，医保药品目录更新太慢，远远跟不上现代医疗技术和药品研发的进步速度，应尽快更新医保药品目录。

6.2　医保诚信体系有助于广泛开展医疗领域诚信监督

医保监督是政府有关部门及医疗保险监管机构依法对国家、单位和个人缴纳的医疗保险基金、供方和需方以及医疗保险行政管理机构、经办机构等进行的监督管理，以确保参保人利益，促进医疗保险制度良性运行和协调发展的过程。在市场经济条件下，加强和改进医疗保险监督制度，具有战略意义。

从吉林省医保诚信体系状况看，当下医保制度运行过程中诚信缺失问题比较突出。无论是医院、医生、药店，还是患者及其家属，甚至个别医保机构等，都不同程度地存在着违反医保规定、浪费医保资源等问题，诸如医疗机构开大处方、非医保按医保项目申报、空刷套现、挪用医保基金等情况时有发生，并且这种失信行为呈现隐蔽化趋势；医保患者也存在着重复购药、倒卖药品、冒名就医等情况。医保制度的内在约束力的持续减弱和外在监管制度的严重缺失，使医保基金成为"唐僧肉"，即便有监督，也由于违规被罚的成本远低于违规获取的实际利益，导致失信行为屡禁不绝，既加剧了社会不公，严重影响社会稳定，也影响了医保制度的安全运行，对广大医保参保者的正常就医构成威胁。诚信缺失的"示范效应"致使社会出现较为普遍的失信行为，严重冲击了医保基金安全，难以保证医保对象的正当权益。出现比较严重失信问题的一个重要原因，是由于缺少有效的监督。由此，构建和完善医保监督体系，加大对医保领域各种违规行为的监督处罚力度，是切实保证医保制度安全运行、提高医保资源使用效率、促进人民健康的战略举措。

　　诚信监督包括组织监督、社会监督和技术监督三个方面，组织监督是专门监督机构对医保过程进行的监督。社会监督是广大公众对医院、医生、药企以及医保管理机构的监督。而技术监督则是利用科技手段对医保过程的监督。建立监督机制的关键，在于建立有效的监控体系，经验证明，建立监控体系，是实现有效监督的重要举措。诚信监控系统在医保制度运行过程中具有不可替代的作用：一是能够有效发挥定点医疗机构参与医保管理的主动性和自觉性，为加强对医院、医生、患者及药品企业的监督提供条件，为有效防止医保违规奠定基础；二是能够变事后算账为事前监督，变事后审核控制为事前主动控制，为从源头上防止医保违规现象的发生创造前提；三是能够提高医院的自律性和自主管理能力，有效提升医方对医保资源的合理使用效率，最大限度地减少失信行为；四是通过诚信监控系统，使异常数据得到及时核对，为实现重点审核和监管提供保证；五是能够促进医疗资源的合理使用，确保基金安全，促进医保制度正常运行。

6.3 医保诚信体系有助于夯实医保诚信的思想文化基础

医保领域是道德风险的高发区，不但道德风险发生的频率高，而且分布区域广，危害大。医保领域利益群体关系复杂，信息不对称等因素影响严重，使得基本医疗保险成为道德风险的高发险种。诚信是社会正常运行的基础，具有明显的社会性和实践性，在利益主体多元化社会矛盾明显增加的条件下，失信问题不解决，势必影响整个社会的生活质量。诚信能够协调人们之间的利益关系，对社会秩序具有整合功能。提高作为社会诚信重要组成部分的医疗诚信水平，加强医疗诚信体系建设，能够缓和医患之间的矛盾冲突，从而缓解社会矛盾。[1]

医疗诚信是社会道德在医疗实践活动中的独特表现，往往代表着整个社会精神文明建设水平。研究医疗诚信，提高医疗道德水平，改善医德医风，对于提高我国社会整体道德水平具有十分重要的积极意义。医务人员的高尚医德、医院的良好医风，能正确引导社会公德和其他职业道德等社会意识形态，在社会文明建设过程中具有道德示范的作用。优良的医德，能够丰富和充实社会主义精神文明，而低劣的医德，对社会的精神文明则起着腐蚀和削弱的作用。[2]众所周知，医保各方是一种契约交换关系，具有信息不对称性，人们在非均衡市场上往往产生收益内在、成本外化的动机和追求，在环境和条件允许的条件下，这种逃避经济责任的思想就会转化为诱导需求、过度消费等源于供需双方的失信行为。

消解医保道德风险，必须进行广泛的道德教育，造就诚实守信的社会基础。医疗诚信与社会诚信的关系，用控制论的理论解释，是总体和部分的关系，医疗诚信是社会诚信的子系统，医疗诚信不能不受到社会诚信好坏的影响，社会诚信不解决或解决得不好，医疗诚信就不可能解决。只有在全社会范围内广泛进行信用教育，形成良好的人人讲诚信的社会环境，才能有效解决医疗诚信问题。也只有首先造成使人们愿意接受道德诚信教育的思想基

---

[1] 王文娜. 论我国医疗诚信建设[D]. 南京航空航天大学, 2008.

[2] 王文娜. 论我国医疗诚信建设[D]. 南京航空航天大学, 2008.

础，才能使诚信教育取得成效，才能做到包括领导干部在内的各级公务员队伍努力恪守宗旨、勤政为民、求真务实的工作作风，发挥好在社会诚信建设中带头作用，增强人民群众对医保制度的自信。诚信教育是长期的战略任务，应该从小抓起，常抓不懈，让诚实守信之风深深地扎根于人民群众之中，成为人们普遍遵守的人生信条，推动医保诚信深入、持续向高层次发展。

要采取一切可行措施，宣传诚信理念，倡导诚信价值观，提高公众诚信意识。建立诚信吉林，强化医保领域诚信建设，必须大力宣传诚信在社会经济发展中的积极意义，造成人人讲诚信的氛围。应该从思想认识的源头上抓起，从个人信用建设抓起，增强人们每一次失信行为都会降低社会地位的危机意识，重新树立起"一诺千金""诚信为本"等良好信用观念。

文化对人们的言行具有重要的导向和熏陶作用，医保信用文化对维护医保诚信理念、提升医保道德水平具有重要作用。为了有效降低医保道德风险发生频率，应该努力培育社会信用文化，通过个人修身造就个人道德品行境界。在现代社会，诚信已进入信用制度领域，形成超越个人意志力的约束力。通过教育引导，普及符合社会主义和谐价值观的信用文化和信用知识，广泛培育诚实守信思想，对于促进人们遵守医保信用制度，巩固医保制度体系安全运行，都具有十分重要的意义。应该采取多种形式进行诚信专项教育活动，推动守信获益、失信吃亏的良好社会氛围尽快形成。应该组织人力编写各种视听材料，创作人们喜闻乐见的文艺节目、宣传材料等，向全社会进行信用文化的宣传教育，在社会上普及信用文化知识的同时，在学校开设信用管理课程，对青年学生进行信用文化教育，使讲信用之风代代相传。学校还应该把培养社会信用高级专门人才作为教育的重要目标。

6.4 医保诚信体系有助于提高医保管理的科学性

鉴于医改涉及面广，困难和问题成因复杂，必须实行全方位的社会治理，从源头上解决突出矛盾，铲除失信赖以存在的经济和社会根源。

第一，建立分级诊疗制度，倡导一般门诊在社区、医疗服务在专科医院的就医方式。

要积极采取有效措施，鼓励常见病、多发病在社区卫生服务机构治疗，重病、大病转向大医院诊治，在确保治疗效果的基础上实现分级诊疗。为了保证这一制度的有效性，应该明确规定转院、住院、看专科医生等，必须经过社区"守门人（全科医生）"把关同意，把分级医疗和双向转诊制度落到实处，以限制患者的过度需求和消费。

能否建立分级诊疗制度的关键，是能否解决全科医生匮乏问题。有关数据显示，我国现有全科医生14.6万人，仅占医师总数的5%，而欧美发达国家全科医生一般要占到医生总数的30%～60%，英国90%的门诊由全科医生首诊，其中90%的病人无须转诊，由全科医生完成治疗。建议政府加强全科医生培养速度，提高培养质量，并实行政策配套，切实解决全科医生收入低、社会地位低、评职称难、缺乏成就感等制约全科医生对外发展问题，使全科医生志愿到农村或边远缺医少药地区工作，在基层扎根、开花、结果。

第二，适当提高自费比例，增进医保对象的责任意识和资源意识。

医保对象的消费是医保消费中的基本成分，并且其中有相当一部分是属于过度消费。解决医保对象的过度消费是世界难题、世纪难题，医保对象滥用医保资源是导致医保基金入不敷出重要原因之一。上个世纪末，美国政府曾委托兰德公司对医疗资源使用效率进行长期研究，得出的结论是：医保参加者承担费用的比例，是影响医疗费用支出的最大因素；当医疗费用中自付比例增加时，医疗卫生支出总额下降；个人承担的费用比例越大，费用下降的比率就越高；在不影响医保参加者就医的情况下，基本由自行支付医疗费用的被调查组，与全部免费的对照组相比，人均医疗卫生费用减少了60%。由此我们可以说：免费医疗的资源浪费惊人。事实表明，个人承担一部分医疗保险费用，是节约医疗资源的有效办法，已得到各国政府的普遍认可。

问题的关键是：个人承担多大医疗费用比例，才能达到既能够保证参保者的医疗需要、又能够使参保者自觉节约医疗资源的目标？有学者通过系统研究，得出结论认为：只要个人支付比例达到30%，就能有效规避医保资源的浪费[1]。从深圳市2013年以来进行医改过程中对个人医疗费支付比例的调整结果来看，个人支付比例如果低于10%，基本不能约束个人过度医疗资源消费、遏制整个医疗费用的过快增长；在提高个人支付医疗费的比例达到一定高度，比如个人承担18%～20%，就会产生比较明显的制约效果。当然，吉林省人均收入水平相对较低，个人医疗费用比例的调整不能提得过高，以

---

[1] 陈永升.医疗保险中医疗供方道德风险行为分析[J].新疆财经学院学报,2002(04).

不影响公众社会基本生活水平为准。

此外，实行医疗服务自付比例的累进制，也是克服参保患者对医疗产品和服务过度消费的有效措施。建议在区分不同病种需求差别的前提下，对一般病种实行自付比例累进制，医疗消费与自负比例挂钩，参保患者消费的医疗资源越多，自负比例越高，使人们明确过高消费医保资源会付出更高成本，以此限制人们的过度消费，激发参保患者的节约意识，保障医保制度持续、健康发展，为破除医院、医生、参保患者共同利益链条的基础、避免过度诊疗过度用药所造成的资源浪费创造条件，建立能够激发人们监督医院、医生、医保参加者的机制，保持和提升监控主体主动监督医保资源使用情况的积极性。

第三，科学设置定点医疗机构的考评标准，提高管理的规范化水平。

对定点医疗机构提供的医疗服务质量和费用控制情况适时做出评价，对激励和约束定点医疗机构的行为具有十分现实的积极意义。考评标准应该是科学的、从实际出发的、与国家的经济发展和社会进步紧密联系在一起的。我国当下医保相关职能部门的考评标准，存在"侧重医疗费用管理而缺乏医疗质量监督"的问题，考核标准有失科学性和可行性，成为影响医保制度改革的掣肘因素。由于管理部门没有提供完整的可操作性强、科学细化的评价指标，难免使考核出现偏差与漏洞，难以保证医疗服务质量，难以控制医疗服务价格，更难以真正建立定点医疗机构资源使用方面的自觉约束机制。

第四，实行"医药分家"，断掉医疗机构不合理的利益来源，堵住医保制度漏洞。

医保制度存在很多漏洞，诸如医疗服务的付费方式、药品采购、医院奖金制度、大处方等，都与有关方的利益关联在一起，形成盘根错节的格局，根治措施很难奏效。要从按照服务项目付费的方式，逐步向服务项目与人头按比例付费相结合的方式转变，经过一定时期的努力，最终实现全部按照人头付费的目标。在药品采购方面，逐步向全省乃至全国统一采购、医院不经营任何药品的方向转变，根除"以药养医"弊端。

第五，制定医保诚信指标体系，提高医保诚信的可检验性。

根据实际情况构建诚信指标体系，是实现科学管理的前提条件。要通过制定指标体系，使医疗、医保、医药部门能够按照指标开展工作，实行规范服务，促进服务目标的顺利实现。指标体系的建立可以使医保相关各方主动提高服务质量，也可以使医保管理部门以此为根据，对评价等级积分高的医疗机构给予奖励，对积分低于一定界限的医疗机构给予惩罚，"奖勤罚懒""奖优罚劣"，以此提高医疗机构诚信程度，提高医方服务水平。

第六，实行住院"限日超付"，确保医保基金安全。

住院费用是医保支出规模最大的费用，一般占医保支出总额的75%左右[1]，解决住院费用过高问题，成为实现医保基金安全运行的关键。许多国家为控制参保患者的道德风险，防止过度消费医保资源，对住院患者采用"限日超付"的办法，即限制住院天数以达到合理使用医疗资源的目标。按照"限日超付"之规定，当医保消费超过一定数额（例如，美国规定住院不能超过60天，住院期间每天自负额不低于69.6美元，一旦超过60天，自负额会成倍增加，直到完全自费为止），就要接受高额费用。也有学者建议制定具体的病种目录，并规定对每一病种的诊疗分别实行定额补偿，超过部分由医院或患者承当。当然，由于医疗本身的专业性、复杂性和不确定性所决定，尽管这种办法可以一定程度上避免医疗资源的过度消费，但对参保患者的自我保障能力的提升有很大局限。一些学者据此向医疗保险机构提出建议：在掌握一定资料和数据的基础上，制定具体的病种目录，并对每一病种设定一系列的参考系数，以便对诊疗进行监督与核查，通过重点检查那些与参考系数存在明显差异的医疗清单，发现问题，提出对策措施，以规避医院不轨行为，有效限制住院时间超过治疗需要、大处方等情况发生，保护全体参保患者的利益不受侵害[2]。

第七，建立医院、医生个人和患者医保信用档案，规范医生和患者行为。

医院最大的资产是名声、信誉[3]。那些发展好的医院无不是把声誉放在医院建设的突出位置。建立医保诚信体系医生是关键，医生的诚信问题解决了，其他问题就迎刃而解了。如何规范医生诊疗行为，吉林省曾经出台有关医生行医规范条例，对危害医保的行为起过一定治理作用，比如医疗保险机构可以取消不轨医生的行医资格、取消违规定点医院的定点资格等，对定点医院产生一定的约束力，但对定点医院中的医生的约束却过于软化。医疗

---

[1] 国务院关于整合城乡居民基本医疗保险制度的意见[EB/OL]. http://www.gov.cn/zhengce/content/2016-01/12/content_10582.htm.

[2] 林俊荣. 基本医疗保险中的道德风险及其控制[J]. 辽宁工程技术大学学报(社会科学版), 2006(04).

[3] 张维迎. 浅谈医疗市场与医院管理[J]. 国际医药卫生导报, 2004(01).

保险机构应加强对医生的约束力，通过为医生建立个人信用档案（信用账户），赋予其一定可操作的信用分值，用奖励和扣除信用分值的办法，控制医生的不轨行为，以实现约束医生违规诊疗的目标。因为运用此种办法规范医生行为，涉及对医生违规行为的整治，非医疗行政部门无法完成这样的任务，必须建立医保机构与政府卫生行政管理部门的长期合作机制，实现对违规医生在个人信用账户分值被扣完之后的惩罚，由医保机构向卫生行政部门提出降低该医生的奖金或工资等惩治不轨行为的建议，甚至取消其职业资格[1]，以此约束医生开大处方、人情方等违规行为。

医生信用好坏涉及医生的社会声望、门诊数量以及个人收入的高低，也涉及医院的声誉，无论医生还是医生所在医院，对此都倍加重视。建立医生的声誉约束机制，约束医生的败德行为，规避因个别医生声誉不好而影响其他医生乃至医院的名声，既符合医生队伍的长远整体利益，也顺应了医院健康发展的需要，会得到医生和医院的支持。建立医生声誉约束机制，还可以起到动员社会各阶层广泛开展监督活动的作用，把滥用医保资源的行为消灭在萌芽状态。为了实现这种"软实力"对不轨医生的控制目标，建议在实行医保定点医院的同时，还应该实行医保定点医师制度，明确定点医师的权利、义务和参与医保管理的责任，实现"因病施治、合理检查、合理用药"的医改目标，提高医生诚信自觉性。

建议由医保管理部门为患者建立信用档案，一人一户，并赋予一定分值，像医保卡一样跟随患者终生，对过度医疗、过度使用医保资源等现象记入个人信用账户，像管理汽车司机遵守交通法规那样，严格管理患者信用档案，当个人账户分值扣完之后，在医保费用报销比例方面要有所体现，使患者产生对违规、失信的敬畏感，提高自我约束性。

---

[1] 林俊荣. 基本医疗保险中的道德风险及其控制[J]. 辽宁工程技术大学学报(社会科学版), 2006(04).

第7章　社会医疗保险诚信体系框架结构研究

对信息不对称本质的分析一方面指出了经济人在法律与道德之间灰色地带对利益进行追求具有一定的合理性，另一方面揭示了通过构建社会医疗保险诚信体系来促使经济人主动规避道德风险的必要性。"不对称是永恒的，对称是暂时的。保险市场中的信息总是处在一种不对称状态下，而且会永远存在下去。因此，我们要正确认识信息不对称，在对称和不对称之间寻找一种平衡，而平衡的最大砝码就是诚信"[1]。

诚信体系的构建是一项系统性工程，需要遵循诚信体系设计的一般规律。纵观现有的社会医疗保险诚信体系设计理念，其大多数的设计、建设出发点是为了规避社会医疗保险道德风险、提升社会医疗保险领域的诚信水平，其制度设计理念的显著特点是从问题出发寻求解决问题的方案，尽管其必然具有很强的针对性，但以诚信体系的角度对其进行考察仍可发现需要补足和改进的地方。如王建（2008）基于信任理论对医疗保险进行了分析，提出了基于医疗服务供给方、需求方、医保经办机构等分析的社会医疗保险规避道德风险制度设计，并介绍了天津市使用信誉等级这一制度体系对医疗保险道德风险进行规避的成效。但从体系化的视角看，其医保道德风险防控机制的设计在系统性、全面性等方面明显仍存在进一步完善的空间。构建社会医疗保险诚信体系，防控医保道德风险，需要遵循相关的理论研究要求，同时还要满足防控医保道德风险的实际需求，从而确保社会医疗保险诚信体系结构的科学性和有效性。

---

[1] 李爱东. 保险业信息不对称与诚信体系构建[J]. 保险研究, 2003(01).

7.1 一般诚信体系结构设计的相关研究基础

我国社会诚信研究工作者对诚信体系建设的研究较为重视，对国内外社会诚信体系及行业诚信体系进行了许多极具价值的深入研究，其给出的诚信体系建设理念是我们构建社会医疗保险诚信体系的理论基础。

李爱东（2003）认为完善诚信体系、规范诚信秩序，是当前中国保险体制改革和保险业可持续发展的基础性工作。诚信体系的构建应包括三方面内容：一是以市场交易人为基础的主体诚信，二是以法律制度、国际惯例和商业习惯为主导的制度诚信，三是以政府监管为主的监督诚信。[1]

上海市经济学会（2003）认为不诚信是市场经济中难以避免的现象，但同时强调诚实守信是市场经济内在的必然要求。此外，诚信体系的形成需要制度基础，包括明确的产权制度、健全的企业信用风险管理制度、完善的信息管理制度以及严格的失信惩治制度。诚信体系的基本框架构建应遵循其全面性、系统性、渐进性特点，从信用管理、市场主体、市场管理等多个角度均应当具备符合需求的体系特性与能力。从信用本身的角度看，可由信用记录、信用征集、信用调查、信用评价、信用担保、信用信息发布、查询、交流和共享等部分组成；从市场主体的角度看，可由政府信用、银行信用、企业信用和个人信用等部分组成；从市场管理的角度看，可由信用信息、管理服务、法律制度和道德教育等部分组成。[2]

何修良（2004）分析了诚信的生成机制，并通过社会对诚信的需求、供给分析，指出构建我国诚信体系的合理路径在于营造制约机制与培养社会成员诚信意识两个层面的有机结合。在制约机制方面，首先应建立健全完备的刚性法律体系、加强诚信信息管理，其次应充分支持和利用社会组织的协调、监督及制约职能，第三是亟须建立独立的诚信管理机构。在培养社会成员诚信意识方面，应注重发挥我国传统文化诚信道德资源的优势并藉此建立符合现代需求的诚信文化。何修良还指出，诚信体系的建立和完善需要一个长期过程，其作用一方面应提供优良的市场博弈外在环境，另一方面应促进

---

[1] 李爱东.保险业信息不对称与诚信体系构建[J].保险研究,2003(01).

[2] 上海市经济学会.关于诚信体系建设的几个理论问题[J].学术月刊,2003(12).

市场参与主体的诚信意识以及加强践行诚信的主观动机。[1]

张小路（2004）指出现代社会诚信体系是包括现代诚信文化、有效的产权制度、民主政体、健全的法制及社会信用服务组织等在内的一个广泛的社会系统。其中，诚信观念和文化是基础，产权制度是核心，民主政体和法制是保障，信用服务组织是工具。现代社会诚信体系正是以上各子系统有机配置、互相支持的完整的社会规范体系。现代社会诚信体系建设，实际上就是通过把与诚信建设有关的社会文化、制度、工具等资源有机地整合起来，并通过教育、鼓励和惩罚等多种手段，引导和规范社会成员的价值取向，使他们自觉地选择诚信，共同促进社会诚信水平的提高，从而维护正常的社会秩序，保障经济的繁荣和发展，并最终达至人们生活的和谐与幸福。[2]

陈尤文等（2006）对国外行政体系中的公务员诚信体系建设进行了研究，指出政府诚信建设对全社会的政治经济的稳定性有着重大影响，公务员行政诚信的建设意义重大。国外行政体系的政务诚信凸显了行政行为契约化、行政伦理法制化、行政质量评价公众化的诚信建设理念，并在实践过程中从理念教育、立法保障、奖惩分明、机制保障等多个方面对政务诚信进行卓有成效的管理，启示了我国政务诚信体系建设应遵循德治与法治相结合、激励机制与惩罚机制相结合程序控制与结果反馈相结合、内部控制与外部监督相结合的基本理念。[3]

李彩霞（2008）研究了美国研究型大学学术诚信体系的总体框架，并从制度建设、组织建设、举报和审查程序、开展学术诚信活动项目等四个方面进行了详尽介绍，指出该诚信体系的体系结构具有事前预防与事后处罚相结合、学术诚信教育手段适时且多样、程序公平和权利制衡、研究型大学居于主体地位、设立联邦资助的诚信研究办公室等边界组织等诸多特点。[4]

冯颜利等（2012）认为除受限于经济发展水平总体不高外，改革开放对传统文化的冲击、城市化快速推进进程与法制建设进程相脱节是导致我国社会当前诚信缺失问题频频出现的主要原因，提出我国社会诚信体系建设应首先通过弘扬国外先进理念、发扬我国传统文化经典来丰富我国诚信理论的理

---

[1] 何修良. 迭演博弈与精诚培植:诚信体系建构的逻辑路径[J]. 理论与改革, 2004(01).

[2] 张小路. 现代社会诚信体系及其建设[J]. 河北学刊, 2004(03).

[3] 陈尤文, 王丹, 聂元军. 国外公务员诚信体系建设及其启示[J]. 理论探讨, 2006(01).

[4] 李彩霞. 美国研究型大学学术诚信体系研究[D]. 华中师范大学, 2008.

论建设，其次应提高对不诚信行为的惩戒力度，完善法制建设，第三应进一步加强组织建设，不断提高领导水平。[1]

通过梳理前人对诚信体系建构的研究，可以总结出诚信体系的基本框架结构应包含以下九大主要方面：

第一，应具有相应的理论支撑，以确保制度体系的合理性与可行性；

第二，应包括健全的预防机制，使用诚信宣传等手段促进诚信水平，最大化利用我国传统诚信文化宝贵资源；

第三，诚信体系的监管对象应包括政府相关机构在内的全部相关主体；

第四，用以评估监管对象诚信水平的诚信等级评估指标体系；

第五，应包括激励机制和惩罚机制，对无法纳入立法监管的市场行为提供正确的行为导向，对不当行为设定失信成本以规范市场秩序；

第六，应包括独立且高效的征信信息系统及多部门联动机制；

第七，应具备有效的申诉机制与问责机制，维护各主体的基本权利，促进权力制衡；

第八，应具备有效的社会监督机制，使诚信监督路径多样化；

第九，应设立有效的退出机制。

应当指出的是，以社会征信体系为主干的我国社会诚信体系的构建当前处于刚刚起步的阶段，欠缺足够的理论研究来支撑新制度的设计和建设。从这个角度看，我国应加强对社会诚信体系的相关理论研究，在夯实诚信理论基础的同时为诚信体系建设等实际需求提供正确的理论指导；同时应加快社会诚信管理的法制化建设；在制度层面的顶层设计中应注重制度诚信，考虑改革过程中制度变化对社会诚信的影响，而在实践层面的主体设计中应形成多角度、多路径、多向性的体系化管理结构，避免唯问题导向所导致的制度设计片面性。

7.2 社会医疗保险诚信体系框架结构设想

社会医疗保险制度是我国社会保障制度体系中与居民生活关系最为密切的制度项目，其任何的制度改革均与民众切身利益高度相关，需要在建设过

---

[1] 冯颜利，吴兴德.中国社会诚信体系建设的问题与对策[J].廉政文化研究，2012(01).

程中秉持谨慎的态度。

基于前文对一般诚信体系构建的研究，社会医疗保险诚信体系的设计一方面应当符合一般诚信体系的基本结构特征，另一方面应当满足社会医疗保险道德风险问题的防控需要。而社会医疗保险诚信体系所承担的职责范围同样应当予以科学界定，使医保领域面对的问题能够得到针对性的有效处理和解决。

7.2.1 理论基础

社会医疗保险诚信体系的构建需要在相关理论的指导下沿着正确的方向进行建设，以最大限度地避免走制度弯路，提高制度供给效率。目前我国社会征信体系的建设仍处于起步阶段，而社会医疗保险领域虽然亟须建立诚信体系以提高道德风险问题的监管水平，但需要注意的是当前该领域相关研究匮乏的现状。

社会医疗保险诚信体系的理论基础取决于与其相关联的内容，考虑到医保诚信体系建立的目的与体系实行的管理对象，社会医疗保险诚信体系的理论基础应包括对社会医疗保险道德风险的研究、对诚信体系的研究以及对社会保障诚信体系的研究。本书是目前国内极少数专门针对社会医疗保险制度进行诚信体系结构设计研究的研究专著，研究工作不仅基于对我国部分地区社会医疗保险诚信水平现状的调研，还基于对我国社会医疗保险领域失信现状、信息不对称理论等方面的深入分析，更基于对已有的诚信体系理论相关研究，追求既符合诚信体系建设的一般理念同时能满足规避社会医疗保险道德风险需求的双重目标，能够为我国社会医疗保险诚信体系建设提供较为详尽的理论支撑。

此外，法律层面的研究和建设亦为不容忽视的重要基石。社会医疗保险诚信体系虽然能够在一定程度上有效防控医保道德风险的发生，但对于情节严重、影响巨大的失信行为，应当以国情为现实基础，通过合理界定行为性质来适当引入法律规制。依法治国是我国政府始终坚持的行政理念，随着相关部门的不懈努力，截至2014年我国的立法建设已经基本形成由七大法律部门、243部法律组成的法律体系，取得了丰硕的法制建设成果。但需要注意的是，我国数量众多的法律中有相当数量的法律由于缺乏适用性和可操作性而几乎成为"法律摆设"，全国政协委员石定果在2015年3月关于立法修正案草案的小组讨论会上指出，据北京市抽样调查显示，在我国现行的240多部法律中，司法机关经常据以办案的法律仅有30多部，一些较发达城市也不超过50部[1]，我国法律法规的实用性仍有待加强。而与此同时，我国目前还没有出台与信用相关的专门法律，这对我国建设诚信社会的社会治理目标造成了极大困扰。因此，加强法律层面的相关研究与建设乃是社会医疗保险诚信体系建设的重要基石。

社会医疗保险道德风险问题的规避是一个长期且艰巨的任务，而医保诚信体系的建设则亟须大量的研究来指导和帮助实际的建设工作。本书受限于篇幅、调研范围、调研次数等因素，因而在某些方面必然存在继续优化和完善的可能性。笔者由此呼吁我国医保领域、诚信领域相关研究工作者能够进一步开展医保诚信研究，为我国有效规避社会医疗保险道德风险工作贡献更多的理论研究支持。

7.2.2　预防及宣传机制

社会医疗保险的宣传工作不仅肩负着医保方面的制度宣传，还应当学习日本等国家的先进经验进行保健宣传、诚信宣传等，使民众加强保健意识、提高诚信水平，从而促进规避医保道德风险。加强民众预防疾病、保持健康的主观认识水平能够促进民众整体健康水平的提高，从而避免某些人群因有医保做后盾就放松对自身健康的维护，使一些本有很大概率保持健康的人群却最终需要消耗社会医疗资源，而这种情况也是典型的医保领域道德风险问题。

社会医疗保险宣传工作还应包括医疗诚信宣传，包括宣扬经典诚信理论、弘扬中华传统诚信文化，对相关行政管理部门、医疗服务供给机构、两定单位、参保人、参保单位等医保参与主体进行诚信教育，使医保诚信体系鼓励诚信、惩治失信的管理理念深入人心，促进医保参与主体形成诚信意识。

此外还应对社会医疗保险诚信体系的监管、申诉等机制进行宣传，一方面使民众对医保诚信体系的监管机制设计进行了解，并藉此督促社会力量

---

[1] 石定果委员：激活休眠法律 让它中看又中用[EB/OL]. http://www.chinadaily.com.cn/micro-reading/china/2015-03-09/content_13344185.html.

积极监督医保诚信、反馈失信行为信息，另一方面使民众了解申诉机制，帮助民众形成规则意识，通过合理合法的方式维护自身利益，而采取非常规手段、不当手段进行维权、谋取利益将被记录并将对其未来的生活造成负面影响，规避医闹等失信行为的发生。

7.2.3 监管对象

社会医疗保险诚信体系建立的目的在于监管社会医疗保险制度参与主体因追求利益使道德风险具化产生的失信行为，由此对社会医疗保险制度安全、基金安全以及维护市场秩序的稳定。从这一立场出发，凡对社会医疗保险制度的安全与稳定产生威胁和负面影响的主体均应当被列入社会医疗保险诚信体系的监管范围内，应包括政府相关部门、社会医疗保险经办机构、医疗服务供给机构、定点医院、定点药店、参保人、参保单位、医药销售代表等多个主体。

7.2.4 诚信等级评估指标体系

诚信等级评估指标体系是量化或层次化诚信的重要工具，诚信等级评估指标体系的建立是诚信得以成为社会资本并用于社会治理的前提。诚信等级评估指标体系是医保诚信系统中基于诚信的奖惩机制能够得以实现的基础，是社会医疗保险诚信体系的重要组成部分。医保诚信等级评估指标体系的设计应确保对监管目标的诚信评价具有全面性、系统性、有效性。对评估对象的诚信水平进行评估，应形成不同层级的立体化评估结构，如设立由面到点逐步细化的一级指标、二级指标、三级指标等，使对医保诚信水平的评估具有全面性。对不同的制度参与主体应设计不同的诚信评估指标机制，从而形成对医保领域诚信水平评估的系统性。医保诚信水平评估指标体系的具体设计需基于两个现实因素，一是我国医疗供给市场主体行为的现状，二是对诚信水平进行收集的现实需求，避免与实际情况、实际需求相脱节的华而不实的指标设计，从而确保指标体系的有效性。

7.2.5 激励机制和惩罚机制

人对利益的追求欲望是使经济领域道德风险从隐患转化为现实行为的根本因素，通过诚信体系引导医保参与主体主动自律是应对道德风险问题的重要规避路径。

社会医疗保险诚信体系的激励机制通过信誉机制、信用机制、奖励机制等方式对主动践行诚信的医保参与主体进行鼓励，提高主体维护诚信的主观意识，是促进医保诚信水平、规避道德风险的有效方式。

社会医疗保险诚信体系的惩罚机制的存在可为医保失信行为施加适度的失信成本，失信成本过低是当前我国医保领域道德风险问题难以管理，不诚信行为、违规甚至违法行为频频发生的重要原因之一，而缺乏相关的信用法律也是导致当前未能对失信行为征收成本的关键因素，由此可见法制建设的重要性。

通过激励机制与惩罚机制的合力，可引导医保参与主体自觉维护医保市场的交易诚信，从而规避道德风险。

7.2.6 征信信息系统和多部门联动机制

使用现代化的网络信息化管理是建设社会医疗保险诚信体系的必然选择，是实施医保诚信监管工作的基本运转平台。医保诚信信息系统应对制度参与主体的历史诚信档案、当前诚信信息进行详尽记录，为实行社会医疗保险诚信管理提供重要的决策证据，使医保诚信管理有理有据。良好的医保征信信息管理能够促进形成以诚信水平为标尺的群体分化，从而使不同医保参与主体的诚信差异性得以从黑箱中显露出来，改变当前道德风险异质性难以管理的现状。

此外，应建立立体化的医保征信信息系统，其中应当包括由政府负责的征信系统、医院诚信记录等多个层次组成，形成对医保征信信息的立体化管理。

医保诚信体系的征信信息系统还必须能够满足多部门联动过程中的对接需求，以便在监管失信行为、打击违规违法行为的过程中能够便于社保、工商、公安等多个行政部门调查取证、联合行动，形成对医保失信行为监管的合力。此外，能够实现信息对接的医保征信信息系统还能通过相应机制从其他领域获取管理对象的征信记录，使医保征信信息获取路径多样化，为医保征信管理提供更多有价值的参考信息。

7.2.7 申诉机制与问责机制

建立有效的社会医疗保险诚信体系的申诉机制是制度参与主体依法依规

维护自身合法权益的重要保障,可为权益受到损害的主体提供自下而上的申诉渠道,避免工作失误、判定失误等因素造成主体利益蒙受不当损失。当前效率低下的申诉机制是导致医患矛盾加剧、医闹事件频发的重要原因之一,为民众提供高效率的申诉机制和渠道是社会医疗保险制度建设的重要一环。另一方面,问责机制的设置可供参与主体在遭遇严重不公正对待造成重大损失时对相关部门进行问责,有助于督促医保经办机构、医疗资源供给部门严肃认真对待工作,促进医保领域所有参与主体养成责任意识,避免医保制度相关主体,尤其是公办机构在日常工作中由于失信成本过低导致其疏于管理自身的言行与决策。

7.2.8 社会监督机制

社会医疗保险诚信体系的社会监督机制能够使医保领域诚信信息收集路径多样化,而来自社会监督的信息往往能够在管理过程中起到至关重要的作用,医保管理机构等公共主体是医保失信行为主体隐匿行为信息的主要对象,而广泛开展的社会监督能够使失信主体顾此失彼,极大地增加了不当行为曝光的概率,同时社会监督形成的强大社会压力与舆论压力也是督促相关政府管理机构尽职尽责的有效动力。

7.2.9 退出机制

失信成本过低是我国社会医疗保险失信行为屡禁不止的重要原因之一,医保诚信体系的建立得以使不诚信的制度参与主体的失信、失范、违规、违法行为得到详尽记录,便于进行基于诚信水平的层次化管理。对不同诚信水平的参与者,应基于相应的奖励和处罚,对屡教不改且适用于退出政策的主体除依法追究其法律责任外,还应设立合理的退出机制,禁止某些个人、单位参与社会医疗保险制度的运营,暂时或永久对其关闭社会医疗保险领域的市场,使其对自己长期无视制度规则、破坏诚信环境、扰乱市场秩序的恶劣行为自食其果,同时配合宣传机制形成具有社会影响力的警示作用。

7.3 社会医疗保险诚信体系结构的有效性分析

前文基于理论分析与实践考察,从多个方面总结归纳了社会医疗保险诚信体系结构所需包含的九个主要组成部分。通过这些机制所构成的医保诚信体系能够整合相关社会资源,对社会医疗保险领域的道德风险进行有效防控。社会医疗保险诚信体系的总体框架结构如图7.1所示。

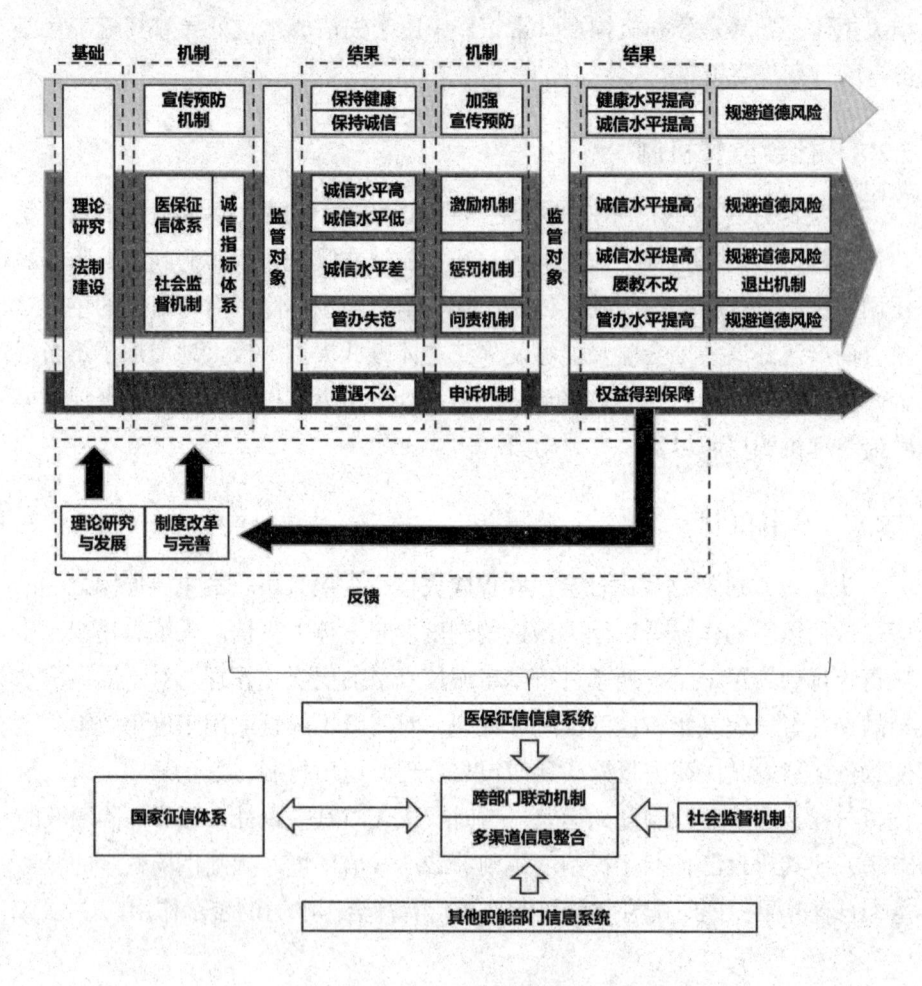

图7.1 社会医疗保险诚信体系框架结构设计图

从图中可以看,该社会医疗保险诚信体系框架内涵丰富、结构分明,具有很强的组织架构系统性以及运转流程的多向性。整个医保诚信体系以理论研究为根本基础，通过宣传预防机制、医保征信体系、医保诚信评价指标体系等系统的运转，在宣传/预防、激励/惩罚、问责/申诉/退出等诸多机制的有机配合下，对社会医疗保险领域的诚信问题进行体系化监督和管理。社会医疗保险领域的诚信、信用信息通过医保征信体系的整合，通过医保征信信息系统进行公开发布，并藉此在国家级征信系统的帮助下，与其他政府职能部门的监管信息，以及来自社会其他渠道的监督信息共同形成跨部门、多渠道的信息整合平台及联动管办机制，且其运转过程中所取得的征信信息可向国家征信系统、其他部门征信系统进行反哺，形成有效的、多向性的信息流通渠道，令不诚信行为无所遁形，使社会医疗保险道德风险问题得到有效规避。

7.3.1 符合多角度、多层次设计需求

一个完整的、系统性的诚信体系应满足多角度、多层次建设的基本设计需求，从而形成科学的体系架构。在纵向结构上应具有一定的深度，其结构设计应满足对诚信管理在理论、实践等不同层面的构建需求。在横向结构上应具有一定的广度，其中多个机制的有机结合使诚信体系的管理对象能够得到全面管理。

从纵向角度看，社会医疗保险诚信体系的结构设计可分为三个主体层次：

第一，基础层次，主要包括对相关理论的深入研究，如诚信及信用研究、诚信体系研究、社会医疗保险制度理论、信息不对称理论、道德风险研究等。此外还应在法律层面加强相关的研究和建设，通过合理界定行为性质，对造成严重危害的失信行为依法追究其法律责任。

第二，机制层次，其设计和构建应基于对管理目标的科学分析。在社会医疗保险诚信体系中，应包含宣传机制、医保征信信息管理体系、医保诚信指标体系、激励机制、惩罚机制、社会监督机制、问责机制、申诉机制等诸多组成部分。这些管理机制的设计应满足诚信体系在诚信监管过程中的全部需求，是诚信体系结构的主要组成部分。

第三，反馈层次，制度的设计离不开理论研究作为指导，而制度实践的结果是促进理论研究进一步深入的重要因素，因此对制度运行过程中的得失利弊等信息进行收集并反馈给理论研究、立法研究工作者，以帮助其进一步

深入研究，是夯实制度体系基础的重要一环，不容忽视。

从横向角度看，社会医疗保险诚信体系的结构设计，应满足规避不同主体道德风险的需求。社会医疗保险采用第三方支付的市场交易模式设计，参与主体是社会保险制度体系中最多的一项制度。根据社会医疗保险市场主体在参与市场交易过程中的特性，一般将其分为医疗服务供给方、医疗服务需求方和医保经办机构等管理部门。由此社会医疗保险诚信体系的横向结构现在其医疗征信系统中分为由医院诚信管理系统、药店诚信管理系统等组成的医疗服务供给方征信系统，由参保人诚信管理系统、参保单位诚信管理系统等组成的医疗供给方征信系统，以及由医保经办机构诚信管理系统等组成的医保相关管办机构征信系统。

除纵向和横向的组织结构外，社会医疗保险诚信体系还具备外延结构，主要包括征信信息共享平台等，这些设计使得社会医疗保险诚信体系得以成为我国国家征信体系的重要组成部分之一。可见，上述社会医疗保险诚信体系的设计具备多角度、多层次的设计需求，契合相关理论研究并具备严谨的科学性。

7.3.2 满足道德风险防控的实践需求

从医疗服务供给方道德风险管理的角度看，医疗服务供给主体的道德风险主要在于医院、医生、药店等医保参与主体在医疗服务市场运转过程中出现的失信行为。这些主体的行为可被医保经办机构等管理部门依照社会医疗保险诚信水平评估指标系统进行严格评价，以此为基础按照其道德风险水平进行差异化管理，对诚信水平较高的医疗服务供给主体进行合理奖励，对诚信水平较低的主体通过适度降低合作力度进行督促，对诚信水平较差的主体进行适度惩罚。而对于那些诚信水平极差的主体，应酌情引入退出机制，将严重扰乱医疗市场秩序、严重损害医疗诚信的个人和企业视情况半永久或永久驱逐出医疗服务供给市场，而且相关的失信信息将通过医疗征信管理信息系统公示，并报送国家征信体系和其他部门的信用信息记录系统，以避免某些失信成性、以失信谋利为生的行为人在被驱离医疗市场后转而在社会其他领域继续为害，用高昂的失信成本对严重失信行为进行严惩。同时还应通过宣传机制进行宣传，以儆效尤，避免对失信行为管理不当或管理缺失，最终导致大面积的效仿，形成难以治理的普遍性失信行为。而对于遭受不当处置的市场参与主体，可通过申诉机制进行申诉以保障自身合法权益免受损害。

从医疗服务需求方道德风险管理的角度看，医疗服务需求方主体的道德风险主要在于参保人、参保企业单位等医保参与主体的不诚信行为。这些参与主体的行为经由医保征信监管部门通过医保诚信评估指标系统进行准确有效的评估，可以有效地评价其道德风险水平，从而对医疗服务需求方进行差异化的风险管理，并最终通过激励机制与惩戒机制的有机结合形成对社会医疗保险道德风险的有效规避。而医保诚信体系的宣传与预防机制能够在日常管理的基础上形成无形的鞭策力量，加强医疗服务需求方规避道德风险的主动性。

从医保经办机构道德风险管理的角度看，医保经办机构等对医保市场具有监管职能的制度参与主体在其管理过程中，存在为追求政务目标、政务绩效、甚至私人财欲的情况下不当行使管理权力的风险。而社会医疗保险诚信体系中设有的申诉机制能够在医保经办机构等主体未能正当或正确履行职责的情况下，由来自社会的监督力量或因此导致合法权益受损的市场参与主体，经申诉机制进行反馈，从而规避此类道德风险，并由此提高医保经办机构等管办主体的管理水平。申诉机制的设置应确保申诉渠道的畅通性与时效性，使申诉主体的诉求能够在时效范围内安全的送达上级管理部门，其机制设计必须规避潜在被投诉对象的干扰和拦截可能性。

需要注意的是，尽管上述医保诚信体系的构建具有相当程度的理论价值和完备性，但在实际工作中仍存在一些矛盾，使得我们在应用理论指导实际建设的过程中在某些方面面临困扰。例如，当前我国各级社会医疗保险经办机构是管理医保领域道德风险工作的主要主体，因此医保诚信体系的运转交由医保经办机构似乎较为合理，但地方医保经办机构一般属于事业单位，缺乏法律赋予的行政执法权，在查处医保领域失信行为的过程中往往处于十分尴尬的境地：一方面面对大量失信行为要肩负起管理责任，另一方面受限于机构性质无法进行具备法律效力的行政管理处罚。又例如社会信用体系的运转在除在法制层面亟须信用立法外，还在实际运行中需要建立征信机构，而我国目前的征信管理几乎完全依靠中国人民银行征信中心这一家机构，因而在实践层面缺乏足够的征信管理机构来满足日常的管办需求，信用管理行业的建设基础十分薄弱，因而现阶段我国征信体系的整体建设是否能够支撑社会医疗保险诚信体系的运行仍是疑问，需要另做分析。

可见，我国应抓紧时间解决国家征信体系建设工作中的诸多问题，使社会医疗保险诚信体系能够以理论研究和立法为基础进行建设并依法运行，对道德风险问题予以坚决且有效的治理。

结　　论

通过前文分析，本书可以对所需解决的核心问题以及围绕其所提出的相关疑问做出解答。

首先应对与核心问题紧密相关的疑问予以解答：①社会医疗保险领域存在失信乱象的成因是什么？②道德风险产生和发生过程受到哪些因素的影响？③非对称信息现象恒常存在的本质和意义是什么？④诚信作为一种传统意义上的道德概念能否外化为社会资本并用于医保道德风险治理？⑤构建社会医疗保险诚信体系以防控医保道德风险是否具有必要性？⑥社会医疗保险诚信体系应当具有怎样的框架结构和内容？⑦社会医疗保险诚信体系防控医保道德风险的有效性如何？对这些疑问的分析与解答将构成解决核心问题的坚实基础。

第一，医保失信乱象的成因是：医疗服务市场的秩序受制度、市场参与者逐利欲望、文化传承、医疗卫生行业特殊性等诸多因素的影响，这些影响因素通过直接或间接引发医保领域道德风险，使道德风险由隐患状态变为发生状态，并最终形成实际的失信行为。因此，治理当前医保失信乱象频发、促进医保诚信水平提升的关键在于有效防控医保道德风险。

第二，道德风险是一种不可保的系统性风险，是非对称信息现象在存在制度缺陷或疏于监管的无序竞争环境中所产生的负面影响，具有不可消除性。因此，企图通过追求最优制度设计来完全规避道德风险的努力是徒劳的。有效防控医保道德风险的关键在于不断完善制度设计，同时，采取相应措施来降低道德风险发生的可能性。在追求次优制度设计的基础上构建道德风险长效防控机制，从而在制度、实践两个层面形成双向的防控合力，是有效防控医保道德风险的必由之路。对道德风险产生、发生机理以及防控路径选择的理解可参见第5章第1节第3小节中的配图5.1：

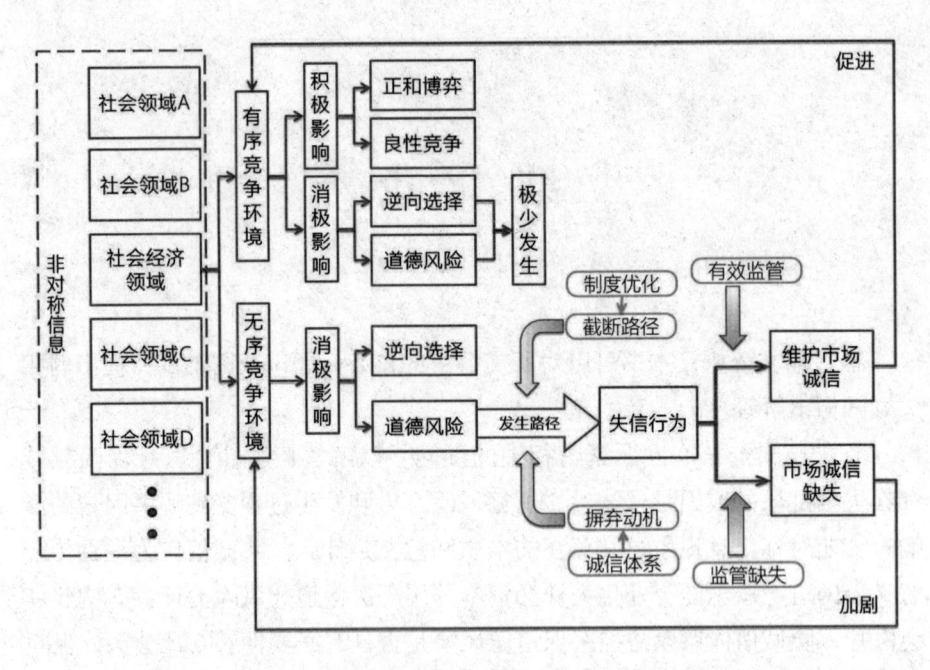

图5.1　社会医疗保险道德风险产生和发生路径

第三，信息不对称现象恒常存在的本质是生物进化的结果；信息不对称恒常存在的意义在于帮助人类等高等级生物，使其通过生命活动满足自身各类需求的效率大幅提高。利用信息不对称获取利益是人类的天性使然，将这种天性限制在合法合理的范围内是制度建设的重要一环。本书认为，非对称信息恒常存在于人类生活几乎所有领域之中，其对所在领域产生的影响应从积极和消极两个方面理解。在经济领域中，非对称信息会因市场环境的优劣而产生不同的影响：在有序竞争环境中，道德风险发生的概率被有效抑制，非对称信息能够形成正和博弈、促进有效竞争，产生积极影响；在无序竞争环境中，非对称信息所引起的逆向选择、道德风险等问题将造成实质性危害，使契约中的一方或多方的正当收益蒙受不合理的损失，产生消极影响。对道德风险疏于防范将使失信行为、甚至违规行为大量出现，进而损害社会诚信，降低市场诚信水平，而低诚信水平的市场常面临更加严峻的道德风险隐患威胁，由此形成恶性循环。因此，应在不断优化和完善现有制度的基础上建立长效的医保道德风险防控机制，藉此治理失信乱象、维护有序竞争的市场环境、保障医保制度的制度安全、提高社会诚信水平。对这一疑问的理解亦可参考第5章第1节第3小节中的配图

5.1。

第四，从风险发展变化的过程看，道德风险的产生和存在与人们的伦理道德无关，但道德风险的发生则在一定程度上受到道德的影响。因此，提高人们的诚信水平，能够降低医保道德风险实际发生的概率。诚信既是一种内生的道德概念，又是一种可以外化的社会资本。诚信是信任实现的基础，是我国传统文化的瑰宝，开发诚信社会资本的宝贵价值对我国社会诚信建设意义重大。通过建立和使用基于失信行为考察的诚信水平评估指标体系等工具，可将诚信社会资本用于建构社会医疗保险诚信体系，从而能够以诚信水平为量度，使医保道德风险防控形成层次化监管，令防控工作得以有的放矢。

第五，建构社会医疗保险诚信体系具有极大的必要性。从医保道德风险防控的理论要求角度看，医保诚信体系的建立能够弥补单一追求最优制度设计的不足，能够形成在制度层面截断道德风险发生通道、在实践层面降低市场参与主体失信动机的双向医保道德风险防控机制。从医保道德风险防控实践需要的角度看，医保诚信体系的建立可以通过多种机制的有机结合，整合相关社会资源，对医保领域供方、需方、医保管办部门的道德风险隐患进行有效防控，在法律、制度触及不到的灰色地带填补实践层面管治的空白。从社会治理的角度看，医保诚信体系在防控道德风险的同时将极大地促进医保领域诚信水平的提高，从而助推了我国社会诚信建设。从我国社会征信体系建设的角度看，医保诚信体系的征信信息系统将对我国社会征信体系建设形成强有力的支持。

第六，社会医疗保险诚信体系所应包含的内容有：理论基础、预防及宣传机制、监管对象、诚信等级评估指标体系、激励机制和惩罚机制、征信信息系统和多部门联动机制、申诉机制与问责机制、社会监督机制、退出机制等。社会医疗保险诚信体系的框架结构设计如第7章第3节中配图7.1所示：

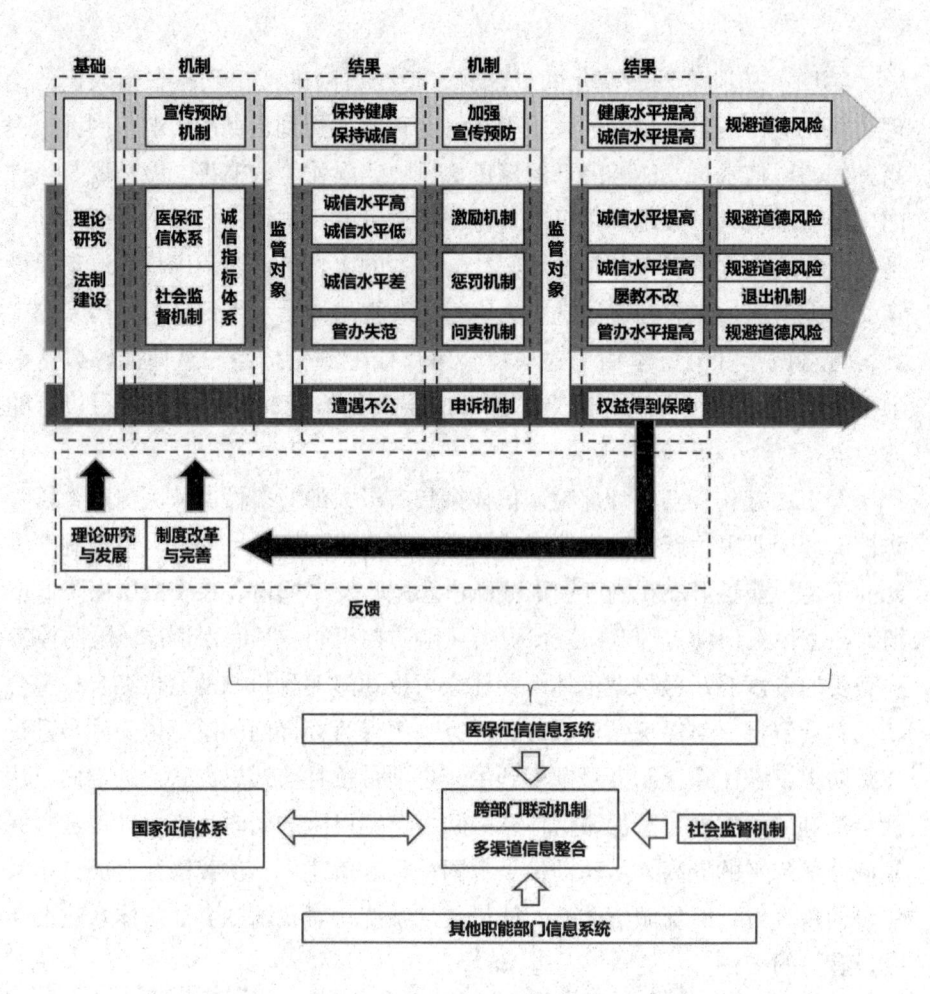

图7.1 社会医疗保险诚信体系框架结构设计图

第七，社会医疗保险诚信体系框架结构设计能够满足理论研究要求与实际工作需要。在满足理论研究要求方面，从纵向角度看，该体系的结构设计包含由理论研究构成的基础层次，由宣传机制、诚信指标体系、激励机制、惩罚机制、退出机制等组成的机制层次，由反馈机制等组成的反馈层次，从而在理论、实践等不同层面满足系统化、有深度的体系设计纵向要求。从横向角度看，该体系的结构设计满足防控不同参与主体道德风险的需求。可见，上述社会医疗保险诚信体系的设计满足多角度、多层次的理论设计要求。在满足实践需求方面，上述医保诚信体系中的诚信等级评估指标体系将能够依据对象失信的程度轻重对其诚信水平进行公平规范的科学评估，并据此将其纳入相应激励、惩罚、退出等机制的管办路径之中，同时提供反馈机制以帮助被误判错判的主体维护自身正当权益。可见，上述社会医疗保险诚信体系的设计通过众多相关机制内容的有机结合，能够充分整合相关社会资源，对医保道德风险予以切实防控，满足医保道德风险防控的实践需求。

基于以上分析，本书最终能够在此对核心问题予以解决：运用诚信社会资源建构社会医疗保险诚信体系，并藉此对社会医疗保险道德风险进行有效防控，是符合理论研究结果和实践工作需求的医保道德风险防控路径的理性选择，而基于全文分析所涉及的社会医疗保险诚信体系，其框架结构设计兼具科学性、系统性和有效性，是符合体系设计理论要求、满足实际医保道德风险防控需求的设计结果。

需要指出的是，本书研究所使用的主要数据来源于2015年吉林省人力资源与社会保障厅重点项目"社会保障诚信体系建设研究"调研，尽管该调研取得了大量的一手宝贵资料和数据，如涉及吉林省两城市及其下辖部分县共27家医保定点医院、151家定点药店，先后发放三种相关调查问卷超过4 500份并回收有效问卷4 250份，与60多家医保相关部门、机构、单位及上百位代表先后举行了11次专项会议等，但由于时间和经费有限，该调研所覆盖的范围显然无法充分满足本书研究的需要。笔者期待日后能够有机会扩大调研范围，以充实相关资料和数据，从而进一步夯实社会医疗保险诚信体系建设的研究基础。此外，本书通过研究所给出的社会医疗保险诚信体系框架结构设计，弥补了前人研究的不足，使医保诚信体系的框架结构设计具备了科学性、系统性，能够满足理论研究要求和实践工作需要，并易于推广。但是，任何一项制度的建立都离不开制度实践的检验，仅仅依靠理论论证来建立一项制度是远远不够的。社会医疗保险诚信体系的制度建设应基于理论研究与制度实践的有机结合，更离不开学、政、商等社会各界的广泛参与及通力合作。通过研究制度实践所反馈的信息来不断检验和修正制度设计，是制度建设过程中不可或缺的重要环节，也是笔者未来研究工作的重点任务和课题。

参考文献

A. 普通图书

[1]保罗·扎克.道德博弈：爱和繁荣究竟从何而来？[M].黄延峰,译.北京:中信出版集团,2016.

[2]彼得·什托姆普卡.信任——一种社会学理论[M].程胜利,译.北京:中华书局,2005.

[3]成思危.中国社会保障体系的改革与完善[M].北京:民主与建设出版社,2000.

[4]邓大松.社会保险[M].北京:中国劳动社会保障出版社,2009.

[5]弗朗西斯·福山.信任[M].彭志华,译.海口:海南出版社,2001.

[6]盖奥尔格·齐美尔.货币哲学[M].陈戎女等,译.北京:华夏出版社,2002.

[7]盖奥尔格·齐美尔.社会学：关于社会化形式的研究[M].林荣远,译.北京:华夏出版社,2002.

[8]焦国成,李萍.公民道德论[M].北京:人民出版社,2004.

[9]李珍.社会保障理论[M].北京:中国劳动社会保障出版社,2007.

[10]林义.社会保险基金管理[M].北京:中国劳动社会保障出版社,2001.

[11]罗伯特·帕特南.使民主运转起来[M].王列,赖海榕,译.南昌:江西人民出版社,2001.

[12]马克思·韦伯.儒教与道教[M].王容芬,译.北京:商务印书馆,1999.

[13]乔治·阿克洛夫,迈克尔·斯彭斯,约瑟夫·斯蒂格利茨.阿克洛夫、斯彭斯和斯蒂格利茨论文精选[M].北京:商务印书馆,2010.

[14]让-雅克·拉丰,大卫·马赫蒂摩.激励理论[M].陈志俊,李艳,单萍萍,译.北京:中国人民大学出版社,2002.

[15]许正中.社会医疗保险——制度选择与管理模式[M].北京:社会科学

文献出版社, 2002.

[16]亚当·斯密. 国民财富的性质和原因的研究[M]. 郭大力, 王亚南, 译.北京: 商务印书馆, 1983.

[17]亚当·斯密. 道德情操论[M]. 韩巍, 译. 北京: 中国城市出版社, 2008.

[18]张维迎. 博弈论与信息经济学[M]. 上海: 上海人民出版社, 2004.

[19]张维迎. 博弈与社会[M]. 北京: 北京大学出版社, 2013.

[20]张维迎. 产权、政府与信誉[M]. 北京: 生活·读书·新知三联书店出版社, 2001.

[21]赵曼, 吕国营. 社会医疗保险中的道德风险[M]. 北京: 中国劳动社会保障出版社, 2007.

[22]郑功成. 社会保障学[M]. 北京: 中国劳动社会保障出版社, 2005.

[23]郑也夫, 彭泗清. 中国社会中的信任[M]. 北京: 中国城市出版社, 2003.

[24]郑也夫, 信任论[M]. 北京: 中国广播电视出版社, 2001.

[25]Amy Finkelstein. Moral Hazard in Health Insurance[M]. New York: Columbia University Press, 2015.

B. 论文集、会议录、会议报告

[1]胡锦涛. 坚定不移沿着中国特色社会主义道路前进 为全面建成小康社会而奋斗——在中国共产党第十八次全国代表大会上的报告[R]. 北京:中国共产党第十八次全国代表大会, 2012.

C. 学位论文

[1]边文霞. 保险欺诈问题博弈研究[D]. 首都经济贸易大学经济学院, 2005.

[2]畅秀平. 美国的诚信制度及其对中国的借鉴意义[D]. 复旦大学, 2008.

[3]陈琦. 我国城镇基本医疗保险中道德风险的防控研究——以上海市为例[D]. 上海师范大学, 2015.

[4]董才生. 社会信任的基础：一种制度的解释[D]. 吉林大学, 2004.

[5]方士敏. 信任问题的社会学研究[D]. 哈尔滨工程大学, 2006.

[6]高文侠. 从"拒签手术"看我国医患信任危机及其消解机制[D]. 山东大学, 2009.

[7]龚昉. 上海市医保定点医疗机构诚信制度研究[D]. 上海交通大学, 2009.

[8]简耀. 中西方诚信观在言语中的镜像折射[D]. 南京师范大学, 2006.

[9]李彩霞. 美国研究型大学学术诚信体系研究[D]. 华中师范大学, 2008.

[10]李华. 社会主义市场经济中道德的博弈分析[D]. 西北民族大学, 2007.

[11]李娟. 我国社会医疗保险中的道德风险及其规避[D]. 湘潭大学, 2005.

[12]马云江. 传统文化产业化发展及其市场失灵问题探究[D]. 云南财经大学, 2012.

[13]宁华强. 信息化条件下政府部门内部控制研究[D]. 武汉大学, 2011.

[14]牛俊杰. 论韦伯的中西宗教思想[D]. 湖北大学, 2006.

[15]孙琳霞. 博弈视角下的过度医疗研究[D]. 东北财经大学, 2014.

[16]孙秀均. 社会医疗保险中的道德风险及其控制策略[D]. 武汉大学, 2004.

[17]田国栋. 城镇职工基本医疗保险基金平衡的影响因素及对策研究[D]. 复旦大学公共卫生学院, 2006.

[18]王春梅. 防范基本医疗保险欺诈问题研究[D]. 天津师范大学, 2012.

[19]王建. 社会医疗保险中的道德风险及其规避研究[D]. 天津大学, 2008.

[20]王丽琦. 伦理道德：社会资源与道德制度建构[D]. 广西师范大学, 2003.

[21]王倩. 社会医疗保险中医生道德风险的决定因素及防范研究[D]. 山东财经大学, 2015.

[22]王文娜. 论我国医疗诚信建设[D]. 南京航空航天大学, 2008.

[23]温小霓. 社会医疗保险风险研究[D]. 西安电子科技大学, 2006.

[24]武建康. 定点医疗机构医疗保险信用等级评价指标体系架构的研究[D]. 山西医科大学, 2013.

[25]肖营营. 医疗保险对城乡老年人就医行为选择及医疗负担的影响[D]. 山东大学, 2016.

[26]熊菲. 日本医疗保险制度对我国的启示[D]. 武汉科技大学, 2009.

[27]杨国华. 浅谈我国全民医疗保险制度的发展和完善[D]. 云南财经大学, 2011.

[28]杨新民. 二元医疗保险问题研究[D]. 厦门大学, 2005.

[29]张欢. 我国社会保障制度的诚信缺失与重建[D]. 河北大学, 2008.

[30]张亚东. 医疗费用控制与医疗保险纵向一体化研究[D]. 华中科技大学, 2004.

[31]张莹. 我国社会医疗保险中的道德风险表现及治理[D]. 山东大学, 2011.

[32]赵盼盼. 中国医患暴力冲突的成因及其对策研究——以社会燃烧理论为视角[D]. 西南政法大学, 2015.

[33]周绿林. 我国医疗保险费用控制研究[D]. 江苏大学, 2008.

D. 专著中析出的文献

[1]Kenneth J. Arrow. The Economics of Agency[G]. Principals and Agents: the Structure of Business, 1985:37-51.

E. 期刊中析出的文献

[1]巴曙松, 谭迎庆, 丁波. 社保基金监管的现状、问题与建议[J]. 当代经济科学, 2007(05).

[2]白小明. 谈现代诚信的制度保障[J]. 改革与理论, 2003(09).

[3]包国庆. 诚信文化:中西价值的背离与当代中国社会重构[J]. 广东技术师范学院学报, 2005(01).

[4]包国庆. 职教发展的深层障碍——中西职业教育的文化比较[J]. 教育发展研究, 2006(17).

[5]曹乾, 张晓. 社会医疗保险成本分担制的制度效应——兰德医疗保险实验的启示[J]. 中国卫生经济, 2007(12).

[6]车亮亮. 从道德风险看后危机时代的国际金融法创新[J]. 现代经济探讨, 2012(02).

[7]陈程. 当前我国社会失范的类型分析[J]. 社会, 2002(12).

[8]陈德君, 罗元文. 日本医疗保险制度及其对我国的启示[J]. 日本研究, 2002(03).

[9]陈凤娟. 日本医疗保险制度体系及其经验借鉴[J]. 市场研究, 2016(06).

[10]陈竞爽. 德国医疗保险制度及其启示[J]. 现代经济信息, 2016(11).

[11]陈俊亮, 韩作珍, 王翠英. 中西方诚信文化特质之比较探究[J]. 十堰职

业技术学院学报, 2008(01).

[12]陈丽君, 王重鸣. 中西方关于诚信的诠释及应用的异同与启示[J]. 哲学研究, 2002(08).

[13]陈野. 德国医疗保险制度及对我国的启示[J]. 经济问题, 2004(06).

[14]陈永升. 医疗保险中医疗供方道德风险行为分析[J]. 新疆财经学院学报, 2002(04).

[15]陈尤文, 王丹, 聂元军. 国外公务员诚信体系建设及其启示[J]. 理论探讨, 2006(01).

[16]陈云良, 何聪聪. 医疗服务市场失范的经济法规制[J]. 中南大学学报(社会科学版), 2012(03).

[17]程雨蒙, 胡况, 梅启慧. 基于利益相关者理论的医疗保险诚信体系构建[J]. 医学与哲学(A), 2014(04).

[18]崔世华, 孙少萍, 刘军. 医疗诚信体系的构建[J]. 中国医药导报, 2006(27).

[19]代志明, 周浩杰. 试论社会医疗保险中的道德风险及防范[J]. 卫生经济研究, 2005(05).

[20]戴冰祎, 吴永浩. 建立医保监控系统 加强医保诚信监管[J]. 天津社会保险, 2013(02).

[21]邓大松, 赵奕钧. 美国医疗保险模式对我国医疗保险制度的启示[J]. 上海经济, 2013(Z1).

[22]邓济乾. 论信息不对称博弈下医保诚信的建构路径[J]. 新疆社科论坛, 2010(02).

[23]邓欣. 信息不对称与营销道德失范[J]. 商业经济与管理, 1997(06).

[24]董才生. 当代西方经济社会学信任研究的新视野——科尔曼关于信任的研究[J]. 新疆大学学报(哲学社会科学版), 2006(06).

[25]董才生. 论吉登斯的信任理论[J]. 学习与探索, 2010(05).

[26]董才生. 美国社会信用体系建设的经验教训对我国的启示[J]. 东北亚论坛, 2008(06).

[27]董才生. 西方经济社会学关于信任的研究述略[J]. 社会科学辑刊, 2006(03).

[28]董才生. 信任本质与类型的社会学阐释[J]. 河北师范大学学报(哲学社

会科学版), 2004(01).

[29]董才生. 中西社会信任的制度比较[J]. 学习与探索, 2005(01).

[30]杜振吉. 论诚信的社会保障体系[J]. 云南民族大学学报(哲学社会科学版), 2004(01).

[31]方丽娟, 郑涛. 中西诚信伦理的主要差异[J]. 中央社会主义学院学报, 2004(04).

[32]冯仕政. 西方社会运动研究:现状与范式[J]. 国外社会科学,2003,(5).

[33]冯颜利, 吴兴德. 中国社会诚信体系建设的问题与对策[J]. 廉政文化研究, 2012(01).

[34]冯芸. 西方诚信观念及其对我国诚信社会建设的意义[J]. 山东省青年管理干部学院学报, 2010(02).

[35]高芳英. 美国医疗保险体系初探[J]. 苏州大学学报(哲学社会科学版), 2007(05).

[36]高芳英. 美国医疗保险体系的特点及对中国的启示[J]. 江海学刊, 2006(04).

[37]高兆明. 简论"道德失范"范畴[J]. 道德与文明, 1999(06).

[38]葛晨虹. 诚信是一种社会资源[J]. 江海学刊, 2003(03).

[39]葛晨虹. 伦理法与中国德治模式[J]. 现代哲学, 1998(04).

[40]葛晨虹. 中国传统文化的现代传承与发展[J]. 时事报告(党委中心组学习), 2015(03).

[41]葛晨虹. 中国社会转型期面临道德问题的解读与思考[J]. 齐鲁学刊, 2015(01).

[42]弓宪文, 王勇, 李廷玉. 信息不对称下医患关系博弈分析[J]. 重庆大学学报(自然科学版), 2004(04).

[43]郭星华. 社会失范与越轨行为[J]. 淮阴师范学院学报(哲学社会科学版), 2002(01).

[44]郭永松, 马伟宁. 论医疗保险中的道德风险及对策[J]. 中国医学伦理学, 2004(02).

[45]郭有德. 防范医疗保险中的道德风险[J]. 中国卫生资源, 2004(03).

[46]郝逸阳, 顾佳慧. 美国医疗保险体系初探[J]. 现代经济信息, 2011(06).

[47]何光辉. 2001年度诺贝尔经济学奖得主的学术贡献[J]. 世界经济研究,

2002(01).

[48]何佳馨.美国医疗保险制度改革的历史考察与理论检省[J].法制与社会发展,2012(04).

[49]何修良.迭演博弈与精诚培植:诚信体系建构的逻辑路径[J].理论与改革,2004(01).

[50]胡苏云.医疗保险中的道德风险分析[J].中国卫生资源,2000(03).

[51]黄枫,甘犁.医疗保险中的道德风险研究——基于微观数据的分析[J].金融研究,2012(05).

[52]焦国成.诚信的制度保障[J].江海学刊,2003(03).

[53]焦国成.关于诚信的伦理学思考[J].中国人民大学学报,2002(05).

[54]肯尼斯·J·阿罗.代理经济学[J].范秀成,译.管理世界,1988(05).

[55]肯尼斯·J·阿罗.不确定性和医疗保健的福利经济学[J].余江,译.比较,2006(24).

[56]黎民,崔璐.社会医疗保险中的道德风险与费用控制[J].人口与经济,2007(04).

[57]李爱东.保险业信息不对称与诚信体系构建[J].保险研究,2003(01).

[58]李嘉莉,党志峰.西方诚信观念:历史嬗变中的综合[J].伦理学研究,2014(04).

[59]李时敏.社会资本理论及其信任观[J].重庆电子工程职业学院学报,2011(Z1).

[60]李文敏,方鹏骞,江世虎.我国民办非营利性医院监管机制的研究综述[J].中国卫生事业管理,2012(06).

[61]李鑫.防控道德风险:应从抑制失范行为开始[J].时代金融,2015(05).

[62]李艳艳,宋宝安.需求导向下社会保障制度的完善与发展[J].新长征,2014(08).

[63]李怡坤.经济学视角下公务员行政伦理失范的成因分析[J].山东行政学院.山东省经济管理干部学院学报,2010(04).

[64]李勇杰.社会医疗保险体制中道德风险的防范策略——基于委托代理理论的视角[J].社会科学家,2008(08).

[65]林俊荣.基本医疗保险中的道德风险及其控制[J].辽宁工程技术大学学报(社会科学版),2006(04).

[66]林源, 李连友. 美国医疗保险反欺诈实践及对我国的启示[J]. 中央财经大学学报, 2012(01).

[67]林源. 美国医疗保险反欺诈法律制度及其借鉴[J]. 法商研究, 2013(03).

[68]刘慧侠, 赵守国. 我国政府介入医疗保险的政策研究[J]. 中国软科学, 2004(11).

[69]刘晓莉, 冯泽永, 方明金, 等. 日本医疗保险制度改革及对我国的启示[J]. 医学与哲学(人文社会医学版), 2008(11).

[70]刘玉娟. 英国和美国医疗保险制度比较与借鉴研究[J]. 现代商贸工业, 2010(22).

[71]卢光明, 范贞, 张云林, 等. 德国医疗纠纷非诉讼解决机制[J]. 中国医院, 2012(12).

[72]卢现祥. 外国"道德风险"理论[J]. 经济学动态, 1996(08).

[73]卢新波. 信息不对称背景下信用问题的经济分析——一个信用的MSCPI分析框架[J]. 浙江社会科学, 2003(05).

[74]陆桔利, 何玉长. 诚信的信息经济学分析[J]. 学术月刊, 2003(12).

[75]路佳, 刘宾志. 社会医疗保险道德风险问题研究[J]. 经济研究导刊, 2009(03).

[76]路越. 商业医疗保险中的道德风险[J]. 合作经济与科技, 2016(22).

[77]罗倩. 对健全医保经办机构内部控制制度的思考[J]. 内江科技, 2007(01).

[78]吕学静. 日本医疗保险筹资与费用控制措施[J]. 中国医疗保险, 2014(05).

[79]马本江. 基于委托代理理论的医患交易契约设计[J]. 经济研究, 2007(12).

[80]马怀礼. 论社会主义市场经济的诚信体系建设[J]. 学术月刊, 2003(12).

[81]毛佩瑾, 董春晓. 罗伯特·帕特南:《使民主运转起来》[J]. 公共管理评论, 2013(02).

[82]莫新明. 浅议中西方诚信文化与我国现代社会诚信文化体系构建[J]. 中国集体经济, 2011(19).

[83]任燕燕,阚兴旺,宋丹丹.逆向选择和道德风险：基于老年基本医疗保险市场的考察[J].上海财经大学学报,2014(04).

[84]沙凯逊,宋涛,赵锦锴,等.从非对称信息看建设市场的整顿和规范[J].建筑经济,2004(01).

[85]上海市经济学会.关于诚信体系建设的几个理论问题[J].学术月刊,2003(12).

[86]史文璧,黄丞.道德风险与医疗保险风险控制[J].经济问题探索,2005(02).

[87]宋宝安,邓永强.论腐败的制度根源[J].吉林师范大学学报(人文社会科学版),2015(04).

[88]宋宝安,华雯文.我国群体性事件频发的理论解释与启示[J].社会科学战线,2011(04).

[89]宋宝安,贾玉娇.社会管理策略的转型:从现代化到可持续生计[J].社会科学战线,2009(10).

[90]宋宝安,贾玉娇.我国医疗保障资源配置的公平度探讨[J].医学与社会,2009(12).

[91]宋宝安,王一.利益均衡机制与社会安全——基于吉林省城乡居民社会安全感的研究[J].学习与探索,2010(03).

[92]宋宝安,于天琪.我国群体性事件的根源与影响[J].吉林大学社会科学学报,2010(05).

[93]宋宝安.东北实现现代化必须先期解决社会保障问题[J].经济纵横,2001(10).

[94]宋宝安.吉林省社会保障制度运行现状及其趋势分析[J].社会科学战线,2001(06).

[95]宋宝安.论实现社会从稳定到有序的战略抉择[J].吉林大学社会科学学报,2009(02).

[96]宋金文.日本医疗保险体制的现状与改革[J].日本学刊,2005(03).

[97]隋学礼.德国医疗保险双轨制的产生、演变及发展趋势[J].德国研究,2012(04).

[98]孙柳.内生与外化:"诚信"价值取向的效应结构[J].江南大学学报(人文社会科学版),2013(01).

[99]唐守庆. 我国商业医疗保险中的道德风险与控制——基于医疗机构的视角[J]. 保险研究, 2008(08).

[100]《团结》编辑部课题组, 张栋. 新中国以来医疗卫生事业的发展轨迹[J]. 团结, 2011(02).

[101]万可. 浅析社会医疗保险中的道德风险及其控制[J]. 知识经济, 2013(02).

[102]王川, 陈涛. 德国医疗保险制度的改革及启示[J]. 经济纵横, 2009(07).

[103]王虎峰, 赵斌. 购买机制如何影响医疗服务价格——以美国医疗保险为例[J]. 北京航空航天大学学报(社会科学版), 2016(02).

[104]王继平. 德国医疗保险体制及其改革[J]. 德国研究, 1998(03).

[105]王建. 社会医疗保险中的道德风险与信任机制[J]. 北京科技大学学报(社会科学版), 2008(02).

[106]王锦锦, 李珍. 论社会医疗保险中的道德风险及其制度消解[J]. 学习与实践, 2006(12).

[107]王锦锦, 李珍. 社会医疗保险中的道德风险及其制度消解[J]. 河南社会科学, 2007(01).

[108]王锦锦. 论社会医疗保险中的道德风险及其制度消解[J]. 人口与经济, 2007(03).

[109]王珺, 刘智勇. 美国医疗保险市场改革风险分担机制的设计及启示[J]. 卫生经济研究, 2016(02).

[110]王利燕, 袁长海. 医疗保险中的道德风险分析与控制[J]. 卫生经济研究, 2006(07).

[111]王琬. 多党制下的德国医疗保险改革[J]. 华中科技大学学报(社会科学版), 2011(01).

[112]王文良, 杨昌明, 王军. 基于博弈角度的营销道德失范研究[J]. 技术经济与管理研究, 2011(05).

[113]王永宏. 海上保险的起源[J]. 海洋世界, 2004(11).

[114]魏亚东. 浅论西方诚信道德教育[J]. 甘肃广播电视大学学报, 2014(02).

[115]吴晓峰. 德国医疗保险制度改革[J]. 国外医学(卫生经济分册),

2000(03).

[116]吴玉锋. 新型农村社会养老保险参与实证研究:一个信任分析视角[J]. 人口研究, 2011(04).

[117]武建康, 白继庚, 胡先明, 等. 医疗保险诚信的构建策略[J]. 中国社会医学杂志, 2013(01).

[118]武宜忠, 杨芬. 委托—代理理论视角下的政府行为失范及其对策[J]. 经济研究导刊, 2009(34).

[119]夏青. 英国医保约束体系核心[J]. 中国社会保障, 2003(02).

[120]夏玉珍. 转型期中国社会失范与控制[J]. 华中师范大学学报(人文社会科学版), 2002(05).

[121]向德平, 田北海. 转型期中国社会失范与社会控制研究综述[J]. 学术论坛, 2003(02).

[122]肖洁汶. 提高医疗诚信关系的探讨[J]. 中国医药指南, 2010(13).

[123]肖雪. 规避我国社会医疗保险道德风险的对策研究[J]. 金融经济, 2016(09).

[124]谢和均, 李珍. 社会保障预算中的政治:美国医疗保险改革的分析[J]. 哈尔滨商业大学学报(社会科学版), 2013(05).

[125]辛琳. 信息不对称理论研究[J]. 嘉兴学院学报, 2001(03).

[126]徐国栋. 古罗马的海事风险及其法律规制[J]. 华东政法大学学报, 2015(05).

[127]鄢雪梅. 西方诚信思想特征浅析[J]. 重庆职业技术学院学报, 2006(06).

[128]杨红燕. 政府间博弈与新型农村合作医疗政策的推行[J]. 云南社会科学, 2007(01).

[129]杨晶鑫, 王欣昱. 日本医疗保险制度的改革进程及对我国的启示[J]. 东北亚论坛, 2010(01).

[130]杨宁. 浅谈人寿保险中道德风险成因与控制[J]. 时代金融, 2014(21).

[131]杨坤蓉, 冯泽永, 屈谦. 从"胡为民现象"看我国医疗领域的社会失范[J]. 医学与哲学(人文社会医学版), 2006(02).

[132]杨燕绥. 再议医疗保险的"保基本"功能[J]. 中国医疗保险, 2014(06).

[133]杨轶华,顾红梅.浅析保险的社会功能[J].世纪桥,2008(14).

[134]杨轶华,顾洪梅.不可分的效用函数下健康效用与最优碳税[J].社会科学战线,2011(09).

[135]杨轶华,关向红.我国社会保障基金投资运营的风险管理与控制[J].经济纵横,2009(11).

[136]杨轶华,韩淑娟.我国基金制养老基金与资本市场的互动关系研究[J].现代经济信息,2010(15).

[137]杨轶华,韩淑娟.英国社会保障制度的发展与变革分析[J].劳动保障世界(理论版),2010(10).

[138]杨轶华,宋宝安.中国社会养老保险体制转变的经济根源[J].商业经济,2008(07).

[139]叶宗玲.中西方诚信观念比较及整合[J].合肥学院学报(社会科学版),2009(03).

[140]游海霞,岳金桂,陆明远.我国医疗保险中的道德风险问题及应对策略——基于南京市民的问卷调查[J].中国医学伦理学,2015(02).

[141]游小留.中西诚信伦理差异与和谐社会的医疗诚信建设[J].福建医科大学学报(社会科学版),2007(S1).

[142]禹建柏.儒家诚信与西方诚信之差异比较[J].企业家天地下半月刊(理论版),2007(07).

[143]詹春柳,祖述宪.兰德健康保险实验简介[J].国外医学(卫生经济分册),1989(03).

[144]张彬.浅谈中西方诚信思想[J].安徽农学通报,2008(06).

[145]张维.道德风险与资本市场诚信的关系[J].学习与探索,2006(02).

[146]张维迎.浅谈医疗市场与医院管理[J].国际医药卫生导报,2004(01).

[147]张维迎.信誉在管制中丧失[J].中国改革,2001(09).

[148]张小路.现代社会诚信体系及其建设[J].河北学刊,2004(03).

[149]张晓燕.医疗保险中的道德风险分析与控制[J].江苏卫生事业管理,2004(01).

[150]张亚东,马剑.控制医疗费用的主体与方式研究[J].卫生经济研究,2003(11).

[151]张燕.谈中西方诚信观念差异[J].湖北社会科学,2005(12).

[152]章瑛, 周霓. 我国商业医疗保险中的道德风险及对策[J]. 保险研究, 2010(08).

[153]赵利雅, 史国华. 我国医患关系伦理失范的现状及根源[J]. 新西部(理论版), 2016(03).

[154]赵曼, 柯国年. 医疗保险费用约束机制与医患双方道德风险规避[J]. 中南财经大学学报, 1997(01).

[155]赵曼. 社会医疗保险费用约束机制与道德风险规避[J]. 财贸经济, 2003(02).

[156]赵云. 社会医疗保险的代理风险与经办改革[J]. 卫生经济研究, 2016(08).

[157]周红云. 社会资本及其在中国的研究与应用[J]. 经济体制比较, 2004(02).

[158]郑秉文. 信息不对称与医疗保险[J]. 经济社会体制比较, 2002(06).

[159]郑功成. 论社会保障领域的理论建设[J]. 中国社会保障, 1995(07).

[160]郑也夫. 信任:溯源与定义[J]. 北京社会科学, 1999(04).

[161]郑也夫. 信任与社会秩序[J]. 学术界, 2001(04).

[162]朱力. 关于社会失范机制的探讨[J]. 社会科学研究, 2006(05).

[163]朱力. 失范范畴的理论演化[J]. 南京大学学报(哲学.人文科学.社会科学版), 2007(04).

[164]Adam Wagstaff, Magnus Lindelow, Gao Jun, Xu Ling, Qian Juncheng. Extending Health Insurance to the Rural Population:An Impact Evaluation of China's New Cooperative Medical Scheme[J]. Journal of Health Economics, 2009, 28(1):1-39.

[165]Amy Finkelstein, Kathleen McGarry. Multiple Dimensions of Private Information: Evidence from the Long-Term Care Insurance Market [J]. American Economic Review, 2006, 96(4):938-958.

[166]Armen A. Alchian, Harold Demsetz. Production, Information Costs, and Economic Organization[J]. Engineering Management Review IEEE, 1975, 62(2):21-41.

[167]Assar Lindbeck, Mats Persson. A Model of Income Insurance and Social Norms[J]. Social Science Electronic Publishing, 2006(2).

[168]Bengt Holmstrom. Moral hazard and observability[J]. The Bell Journal of Economics, 1979, 10(1):74-91.

[169]Chaim Fershtman, Kenneth L. Judd. Equilibrium Incentives in Oligopoly[J]. The American Economic Review, 1987, 77(5):927-940.

[170]Charles A. Mowll. Assessing the effect of increased managed care on hospitals[J]. Journal of Healthcare Management, 1998, 43(1):68-78.

[171]Ching-To Albert Ma, Michael H. Riordan. Health Insurance, Moral Hazard, and Managed Care[J]. Journal of Economics & Management Strategy, 2002, 11(1):81-107.

[172]Ching-To Albert Ma, Thomas G. McGuire. Optimal Health Insurance and Provider Payment[J]. American Economic Review, 1995, 87(4):685-704.

[173]Claudio Sapelli, Bernardita Vial. Self-selection and moral hazard in Chilean health insurance[J]. Journal of Health Economics, 2003, 22(3):459-476.

[174]Clive Bull. The Existence of Self-Enforcing Implicit Contracts[J]. Quarterly Journal of Economics, 1987, 102(1):147-159.

[175]Daniel Müller, Benno Torgler, Eric Uslaner. Inherited Trust and Growth —Comment[J]. School of Economics & Finance Discussion Papers & Working Papers, 2012, volume 100(5):1481-1488.

[176]David M. Cutler, Richard J. Zeckhauser. The Anatomy of Health Insurance[J]. Nber Working Papers, 1999, 1:563-643.

[177]Dhaval Dave, Robert Kaestner. Health insurance and ex ante moral hazard: evidence from Medicare[J]. International Journal of Health Care Finance and Economics, 2009, 9(4):367-390.

[178]Douglas Lundin. Moral Hazard in Physician Prescription Behavior[J]. Journal of Health Economics, 2000, 19(5):639-662.

[179]Elizabeth Savage, Donald J. Wright. Moral hazard and adverse selection in Australian private hospitals: 1989–1990[J]. Journal of Health Economics, 2003, 22(3):331-359.

[180]Franklin Allen. Reputation and Product Quality[J]. Rand Journal of Economics, 1984, 15(3):311-327.

[181]Frederik T Schuta, Wolter H.J Hassinkb. Managed competition

and consumer price sensitivity in social health insurance[J]. Journal of Health Economics, 2002, 21(21):1009-1029.

[182]Gary Miller. Why is trust necessary in organizations? The moral hazard of profit maximization.[J]. Trust in society, 2001, 307-331.

[183]George A. Akerlof. The Market for "Lemons": Quality Uncertainty and the Market Mechanism[J]. Quarterly Journal of Economics, 1970, 84(3):488-500.

[184]Isaac Ehrlich, Garys Becker. Market Insurance, Self-Insurance, and Self-Protection[J]. Journal of Political Economy, 1972, 80(4):623-648.

[185]Jagdip Singh, Deepak Sirdeshmukh. Agency and trust mechanisms in consumer satisfaction and loyalty judgments[J]. Journal of the Academy of Marketing Science, 2000, 28(1):150-167.

[186]James S. Coleman. Social Capital in the Creation of Human Capital[J]. American Journal of Sociology, 1988, 94(Volume 94Number):95-120.

[187]Johanna Jacob, Douglas Lundin. A median voter model of health insurance with ex post moral hazard[J]. Journal of Health Economics, 2005, 24(2):407-426.

[188]John A. Nyman. Is 'moral hazard' inefficient? The policy implications of a new theory.[J]. Health Affairs, 2004, 23(5):194-199.

[189]John H. Dunning. Reappraising the Eclectic Paradigm in an Age of Alliance Capitalism[J]. Journal of International Business Studies, 1995, 26(3):461-491.

[190]John R. Wolfe, John H. Goddeeris. Adverse Selection, Moral Hazard, and Wealth Effects in the Medigap Insurance Market[J]. Journal of Health Economics, 1991, 10(4):433-459.

[191]Joseph E. Stiglitz, Andrew Weiss. Credit Rationing in Markets with Imperfect Information[J]. American Economic Review, 1981, 71(3):393-410.

[192]Karen Eggleston. Risk Selection and Optimal Health Insurance-Provider Payment Systems[J]. Journal of Risk & Insurance, 2000, 67(2):173-196.

[193]Keith J. Crocker, John Morgan. Is Honesty the Best Policy? Curtailing Insurance Fraud through Optimal Incentive Contracts[J]. Journal of Political Economy, 1998, 106(2):355-375.

[194]Kenneth J. Arrow. Uncertainty and the welfare economics of medical care[J]. The American Economic Review, 1963, 53(5):941-973.

[195]Liran Einav, Amy Finkelstein, Stephen Ryan, Paul Schrimpf, Mark Cullen. Selection on Moral Hazard in Health Insurance[J]. American Economic Review, 2013, 103(1):178-219.

[196]Mark Pauly. The Economics of Moral Hazard: Comment[J]. American Economic Review, 1968, 58(3):531-537.

[197]Mark Pauly. The Welfare Economics of Community Rating[J]. Journal of Risk and Insurance, 1970, 37(3):407-418.

[198]Mathew P. White1, J. Richard Eiser. Information Specificity and Hazard Risk Potential as Moderators of Trust Asymmetry[J]. Risk Analysis, 2005, 25(5):1187-1198.

[199]Michael Keane, Olena Stavrunova. Adverse selection, moral hazard and the demand for Medigap insurance[J]. Journal of Econometrics, 2014, 190(1):62-78.

[200]Michael R. Welch, Roberto E. N. Rivera, Brian P. Conway, Jennifer Yonkoski, Paul M. Lupton, Russell Giancola. Determinants and Consequences of Social Trust[J]. Sociological Inquiry, 2005, 75(4):453-473.

[201]Michael Rothschild, Joseph Stiglitz. Equilibrium in Competitive Insurance Markets: An Essay on the Economics of Imperfect Information[J]. Springer Netherlands, 1976, 90(4):630-49.

[202]Michael Spence, Richard J. Zeckhauser. Insurance, Information, and Individual Action[J]. The American Economic Review, 1971, 61(2):380-387.

[203]Michihiro Kandori. Social Norms and Community Enforcement[J]. Review of Economic Studies, 1992, 59(1):63-80.

[204]Milton Harris, Artur Raviv. Some Results on Incentive Contracts with Applications to Education and Employment, Health Insurance, and Law Enforcement[J]. American Economic Review, 1978, 68(1):20-30.

[205]Oguzhan C. Dincer, Eric M. Uslaner. Trust and Growth[J]. Public Choice, 2010, 142(1):59-67.

[206]Oliver D Hart. Comment on Joseph Stiglitz's Paper <<Risk, Incentives and Insurance: The Pure Theory of Moral Hazard>>[J]. The Geneva Papers on

Risk and Insurance, 1983, 8(26):38-41.

[207]Oliver Hart, John Moore. Property Rights and the Nature of the Firm[J]. Journal of Political Economy, 1990, 98(6):1119-1158.

[208]Paul J. Zak, Stephen Knack. Trust and Growth[J]. The Economic Journal, 2001, 111(470):295-321.

[209]Peter Leepin. Risk, Incentives and Insurance: The Pure Theory of Moral Hazard — A Comment[J]. The Geneva Papers on Risk and Insurance, 1983, 8(26):42-43.

[210]Pierre Bourdieu. The Forms of Capital[J]. Handbook of Theory and Research for the Sociology of Education, 1986:241-258.

[211]Randall P. Ellis, Thomas G. McGuire. Hospital Response to Prospective Payment: Moral Hazard, Selection, and Practice-Style Effects[J]. Journal of Health Economics, 1996, 15(3):257-277.

[212]Richard Arnott and Joseph E. Stiglitz. Moral Hazard and Nonmarket Institutions: Dysfunctional Crowding Out of Peer Monitoring?[J]. American Economic Review, 1991, 81(1):179-190.

[213]Robert Puelz, Arthur Snow. Optimal Incentive Contracting with Ex Ante and Ex Post Moral Hazards: Theory and Evidence[J]. Journal of Risk and Uncertainty, 1997, 14(2):169-188.

[214]Sanford J. Grossman, Joseph E. Stiglitz. Information and Competitive Price Systems[J]. American Economic Review, 1976, 66(2):246-253.

[215]Sanford J. Grossman, Joseph E. Stiglitz. On the Impossibility of Informationally Efficient Markets [J]. American Economic Review, 1980, 70(3):393-408.

[216]Sanford J. Grossman, Oliver D. Hart. An Analysis of the Principal-Agent Problem[J]. Econometrica, 1983, 51(1):7-45.

[217]Sanford J. Grossman, Oliver D. Hart. The Costs and Benefits of Ownership: A Theory of Vertical and Lateral Integration[J]. The Journal of Political Economy, 1986, 94(4):691-719.

[218]Thomas F. Hellmann, Kevin C. Murdock, Joseph E. Stiglitz. Liberalization, Moral Hazard in Banking, and Prudential Regulation: Are Capital

Requirements Enough?[J]. American Economic Review, 2000, 90(1):147-165.

[219]W. Kip Viscusi. The Value of Risks to Life and Health[J]. Journal of Economic Literature, 1993, 31(4):1912-1946.

[220]Willard Manning, M. Susan Marquis. Health insurance: The tradeoff between risk pooling and moral hazard[J]. Journal of Health Economics, 1996, 15(5):609-639.

[221]Winand Emons. Warranties, moral hazard, and the lemons problem[J]. Journal of Economic Theory, 1988, 46(1):16-33.

F. 报纸中析出的文献

[1]财政部财政科学研究所所长 贾康 财政部财政科学研究所博士 苏京春. "理性预期失灵"的发生逻辑及其矫正路径[N]. 上海证券报,2014-04-03(A07).

[2]国家发展改革委社会发展研究所 曾红颖. 医疗诚信：剑指价值观建设[N]. 中国经济导报,2015-02-07(B01).

[3]上海市金融工委金融学博士 杨咸月. 信息不对称意义何在[N]. 国际金融报,2001-10-29(P07).

G. 电子文献

[1]东南妇幼医院放任冒用医保卡 被暂停服务一个月[EB/OL]. http://news.xinmin.cn/shehui/2015/09/18/28608346.html.

[2]贵阳药贩子称能医保卡"套现" 记者亲历5分钟返现[EB/OL]. http://china.cnr.cn/ygxw/201202/t20120218_509178605.shtml.

[3]国务院关于整合城乡居民基本医疗保险制度的意见[EB/OL]. http://www.gov.cn/zhengce/content/2016-01/12/content_10582.htm.

[4]黑龙江：省委巡视组向被巡视单位反馈巡视意见[EB/OL]. http://www.ccdi.gov.cn/gzdt/xsgz/201505/t20150505_55859.html.

[5]吉林省多部门联手打击社保欺诈 加大查处案件力度[EB/OL]. http://jl.sina.com.cn/news/s/2015-05-10/detail-icpkqeaz3617728.shtml.

[6]龙泉一病号冒用女儿医保卡 女儿和医生分别被处罚500元和300元[EB/OL]. http://epaper.lsnews.com.cn/czwb/html/2012-05/12/content_421746.htm.

[7]冒用他人医保卡住院就医套现 六安中医院三名职工被查处[EB/OL].

http://ah.ifeng.com/city/luan/detail_2015_07/16/4117382_0.shtml.

[8]男子伪造假病历、发票 两年诈骗新农合基金200多万[EB/OL]. http://www.chinanews.com/fz/2014/08-19/6508201.shtml.

[9]人力资源社会保障部、公安部关于加强社会保险欺诈案件查处和移送工作的通知[EB/OL]. http://www.mohrss.gov.cn/SYrlzyhshbzb/ldbk/shehuibaozhang/jijinjiandu/201503/t20150306_153338.htm.

[10]上海社保基金案[EB/OL]. http://baike.baidu.com/link?url=-pJSPYUNvep6kC 5U2w0_hjODcjzUi4fGi9x8tkijuZtvuI46xJ2ig7vEJ3ssrI-5iLO20wPt9UpVsXsLWmpqLa.

[11]石定果委员：激活休眠法律 让它中看又中用[EB/OL]. http://www.chinadaily.com.cn/micro-reading/china/2015-03-09/content_13344185.html.

[12]谁来为患者"保驾护航"[EB/OL]. http://news.xinhuanet.com/focus/2004-03/ 30/content_1390016.htm.

[13]天津市医疗保险诚信体系正式启动实施[EB/OL]. http://www.circ.gov.cn /web/ site35/tab2037/info19985.htm.

[14]伪造病历及医疗发票 57岁老人诈骗医保过百万[EB/OL]. http://www.chinanews.com/fz/2014/08-28/6541268.shtml.

[15]习近平：聚集改革资源激发创新活力 更加富有成效抓好改革工作[EB/OL]. http://news.xinhuanet.com/politics/2016-06/27/c_1119121969.htm.

[16]兄弟2人利用医保卡套现日进万元[EB/OL]. http://www.cnr.cn/gundong/201207/t20120718_510264982.shtml.

[17]药店操作医保卡"套现" 刷卡1000元返800元[EB/OL]. http://www.chinanews. com/jk/2014/09-11/6580304.shtml.

[18]医保卡套现疯做广告 记者暗访揭套现内幕[EB/OL]. http://news.sina.com. cn/s/2009-08-20/061916153228s.shtml.

[19]医改新观察：全国医疗纠纷案件10年间增长10倍[EB/OL]. http://www.rmzxb.com.cn/c/2015-02-16/449021.shtml.

[20]英媒:中国医患纠纷每年升23% 需建高质医疗体系[EB/OL]. http://finance. sina.com.cn/chanjing/cyxw/20141102/160220709781.shtml.

[21]浙江一医生伪造病历骗取医保获刑[EB/OL]. http://www.legaldaily.com.cn/ Court/content/2015-09/17/content_6274510.htm?node=53969.